ESSAI

DE

CANTIQUES

POUR TOUS LES DIMANCHES ET FÊTES DE L'ANNÉE,

ET AUTRES SUJETS SACRÉS,

Par M. Hippolyte Deschamps,

Prêtre du diocèse de Rouen, Curé des Authieux, ancien Curé du Thil-Manneville.

« Le chant inspire aux Fidelles
« l'amour de Dieu ». St-Isidore.
Livre 2e, chap. 12, de l'Office de
l'Eglise

SE TROUVE :

A DIEPPE, chez M. CORSANGE, Impr.-Libraire ;
A ROUEN, chez Mlle DURET, Chasublière, rue des Carmes, 31.

1838.

ESSAI

DE

CANTIQUES

POUR TOUS LES DIMANCHES ET FÊTES DE L'ANNÉE,

ET AUTRES SUJETS SACRÉS.

Dieppe. — Imprimerie de Corsange,
Rue Halle au Blé, 11.

ESSAI
DE
CANTIQUES

POUR TOUS LES DIMANCHES ET FÊTES DE L'ANNÉE,

ET AUTRES SUJETS SACRÉS,

Par M. **Hippolyte Deschamps**,

Prêtre du diocèse de Rouen, Curé des Authieux, ancien Curé du Thil-Manneville.

« Le chant inspire aux Fidelles « l'amour de Dieu ». St-Isidore. Livre 2ᵉ, chap. 12, de l'Office de l'Eglise

SE TROUVE :

A DIEPPE, chéz M. CORSANGE, Impr.-Libraire;
A ROUEN, chez Mˡˡᵉ DURET, Chasublière, rue des Carmes, 31.

1838.

ERRATA :

Page 8, vers 7e, au lieu de : quel, *lisez* : quelle.
— 8, — 18e, quelle, *lisez* : quel.
— 18, — 9e, ses chants, *lisez* : ces.
— 19, — 16e, pouvais-je, *lisez* : pourrais-je.
— 25, — 17e, il dit encore, *lisez* : encor.
— 26, — 4e, brulàt, *lisez* : brûla.
— 27, — 22e, consoles-toi, *lisez* : console-toi.
— 28, — 1er, consoles-toi, *lisez* : console-toi.
— 30, — 21e, non, *lisez* : nom.
— 31, — 1er hospice, *lisez* : auspice.
— 31, — 8e, ô mon Dieu, *lisez* : ô mon bien.
— 32, — 17e, je, *lisez* : il.
— 62, — 6e, tyranise, *lisez* : tyrannise.
— 63, — 5e, promet, *lisez* : promit.
— 64, — 7e, du Dieu, *lisez* : au Dieu.
— 84, — 20e, l'arbre de vie, *lisez* : l'arbre de la vie.
— 107, — 17e, t'énivrai, *lisez* : t'enivrai.
— 109, — 5e, Théodore, *lisez* : Théodose.
— 110, — 26e, ô pitié, *lisez* : ô piété.
— 117, — 31e, je crois, *lisez* : je le crois.
— 120 — 3e, ne pouvant rien encore, *lisez* : dès sa première aurore.
— 133, — 30e, des tes, *lisez* : de tes.
— 139, — 28e, me souvenir, *lisez* : ce souvenir.
— 140, — 3e, spectre, *lisez* : sceptre.
— 140, — 15e, adandonné, *lisez* : abandonné.
— 143, — 22e, soit, *lisez* : sois.
— 144, — 20e, la victoire, *lisez* : ta victoire.
— 168, — 26e, le passez, *lisez* : le passé.
— 177, — 22e, euvahit, *lisez* : envahi.
— 187, — 9e, de la chair, *lisez* : et de la chair.
— 189, — 21e, des vengeurs, *lisez* : des vengeances.
— 190, — 18e, livres, *lisez* : lèvres.
— 205, — 6e, à vos cœurs, *lisez* : chœurs.
— 212, — 6e, *lisez* : des cieux l'étendard.
— 212, — 10e, victimss, *lisez* : victimes.
— 221, — 2e, il devient bientôt le tombeau, *lisez* : le berceau.
— 232, — 19e, vos les armes, *lisez* : vaut.

CANTIQUES.

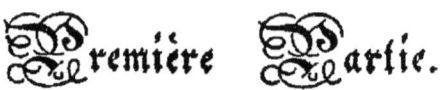Première Partie.

AVANT LE CATÉCHISME.

Invitation à l'assiduité au Catéchisme.

Air : *Fleuve du Tage.*

Chère jeunesse,
Venez en ce saint lieu ;
Ma voix vous presse,
Au nom de votre Dieu.
Venez dans cette enceinte
Méditer sa loi sainte ;
A son amour
Vous devez ce retour.

O tendre enfance,
Prévenez les malheurs
Que l'ignorance
Prépare à tous les cœurs.
Sans la vive lumière
Dont la foi nous éclaire,
L'homme aveuglé
S'est bientôt égaré.

Mais la science
S'échappe de l'esprit,
Et l'influence
De la foi se détruit,
Lorsqu'au printemps de l'âge,
Imprudent et volage
L'enfant de Dieu
Déserte le saint lieu.

Dans les alarmes
Et les gémissements,
L'Église en larmes
Se plaint de ses enfants.
Vous, jeunesse sincère,
Consolez votre mère.
Votre ferveur
Calmera sa douleur.

Dieu de science,
Esprit-Saint, donnez-moi
L'intelligence
De votre sainte loi.
J'espère enfant docile
Trouver dans cet asile,
Et le bonheur,
Et la paix de mon cœur.

APRÈS LE CATÉCHISME.

Éloge de la Doctrine Chrétienne.

Air connu.

Religion de Jésus, je révère
De tes leçons la sainte obscurité.
L'impie à tort rejette le mystère;
Il ne pourrait nuire à la vérité.
Religion de Jésus, je révère
De tes leçons la sainte obscurité.

Souvent je cherche en vain de la nature
A percer les secrets mystérieux.
Je les admire, et souffre, sans murmure,
Qu'ils ne se dévoilent pas à mes yeux.
   Souvent je cherche, etc.

Sans murmurer, si je vois interdire
Ces secrets à ma curiosité;
Pourquoi vouloir soumettre à son empire
La majesté de la divinité?
   Sans murmurer, etc.

Quelle est sublime, Esprit-Saint, la doctrine
Que l'on m'enseigne, au nom de Jésus-Christ!
Oui, je le vois, sa morale est divine;
Avec respect j'y soumets mon esprit.
   Quelle est sublime, etc.

Vous qui daignez m'éclairer et m'instruire
Sur mes devoirs, Seigneur Dieu des vertus;
Conduisez-moi; faites qu'un jour j'expire
Imitateur fidèle de Jésus.
Vous qui daignez m'éclairer et m'instruire
Sur mes devoirs, Seigneur Dieu des vertus.

Invocation à la Sainte Vierge.

Air : *De la Brigantine.*

O douce étoile,
Beauté des cieux,
Toujours sans voile,
Brille à mes yeux.
O Reine choisie
Pour l'heureux séjour,
Salut Marie,
Au point du jour. *(Ter.)*

Le soleil donne
Sur nos côteaux,
Et l'airain sonne
Dans nos hameaux.
Vers toi je m'incline,
Au bruit de l'airain,
Vierge divine,
Dès le matin. *(Ter.)*

La jeune abeille
Vient savourer
La fleur vermeille
Qui va faner.

Mais toi, fleur unique,
Rien ne te flétrit,
Rose mystique,
Fraîche à midi. (*Ter.*)

Quand la nuit sombre
Tombant des cieux
Etend son ombre
Sur ces bas lieux,
L'airain me rappelle
Mon plus doux devoir.
J'y suis fidelle
Matin et soir. (*Ter.*)

Quand je sommeille
Las de travaux,
O Vierge, veille
Sur mon repos.
Toi que j'ai choisie
Pour mère au berceau,
Suis-moi, Marie,
Jusqu'au tombeau. (*Ter.*)

CANTIQUES

Suivant l'année ecclésiastique.

Partie d'Hiver.

PREMIER DIMANCHE DE L'AVENT.

Regrets des Réprouvés.

Air Languedocien.

Hélas !
Jésus l'a dit :
Je suis maudit.
Ah ! plus d'espérance.
Hélas !
Jésus l'a dit :
Je suis maudit.
Rien ne le fléchit.
Il n'est plus
Le Dieu de clémence,
Ce Jésus,
Dieu de mon enfance.
Hélas !
A sa fureur,
Ce fier vengeur,
Livre le pécheur.

O ciel !
Quelle beauté,
Quelle clarté
Brille et l'environne !
O ciel !
Quelle beauté,
Quel clarté
Sort de son côté !
Sur son cœur
La gloire rayonne.
La splendeur
Forme sa couronne.
O ciel !
Avec sa croix
Le roi des rois
Partage ses droits.

O croix,
Quelle feu divin
Jette ton sein !
O douce lumière !
O croix,
Quel feu divin
Jette ton sein !
Te prierai-je en vain ?
N'est-tu plus
Ce bois salutaire
Où Jésus
Racheta la terre ?
O croix,
Non, le pécheur,
Dans son malheur
N'a plus de sauveur.

O temps,
O jours heureux,
Jours précieux

De ma tendre enfance !
O temps,
O jours heureux,
Jours précieux
Des enfants pieux !
J'ai voulu
Vivre avec licence.
J'ai perdu
La foi, l'innocence,
O temps,
Tout est passé,
Tout a cédé
A l'éternité.

Adieu,
O doux Jésus,
Dieu des élus,
O maître fidèle !
Adieu,
O doux Jésus,
Dieu des élus,
Pour moi tu n'es plus !
A tes lois
Je fus infidelle,
Et ta voix
Me trouva rebelle.
Adieu,
De mon malheur,
Moi seul, Seigneur,
Moi seul suis l'auteur.

Adieu,
Reine des cieux,
Sein glorieux.
Adieu, tendre mère.
Adieu,
Reine des cieux,

Sein glorieux,
J'ai trahi mes vœux.
　Mille fois
Le pécheur sincère,
　Par ta voix
Fléchit la colère.
　Adieu,
Mon cœur trop noir
De ton pouvoir
Méconnut l'espoir.

　Adieu,
Fidèle ami,
Tu m'as suivi
Dès ma tendre enfance.
　Adieu,
Fidèle ami,
Tu m'as suivi
Le jour et la nuit.
　Je bravai
Ta sainte présence.
　Je foulai
Aux pieds l'innocence.
　Adieu,
Ange d'amour,
Voici le jour,
Adieu sans retour !

　Adieu,
Justes bénis,
Justes chéris
Du dieu de justice,
　Adieu,
Justes bénis,
Justes chéris,
Malgré mon mépris.
　Oui, vainqueurs
De mon injustice,

A vos pleurs
Le ciel fut propice.
Adieu.
Ah! quelle erreur,
Pour mon malheur,
Egara mon cœur!!

Adieu
Divine croix,
O roi des rois,
O Vierge Marie,
    Adieu,
Divine croix,
O roi des rois,
Encore une fois!
Des heureux
Famille ravie,
Nouveaux dieux
De gloire et de vie,
Adieu.
Moi, loin des cieux!
Au sein des feux!
Désespoir affreux!!!

Conception de la Sainte Vierge.

AIR : *Portrait charmant, etc.*

Consolez-vous, mortels, quelle nouvelle!
La Vierge sainte en qui le Dieu d'amour
Doit reposer, est conçue en ce jour
Immaculée au sein d'une mortelle. (*Bis.*)

Loin, loin d'ici la fatale souillure
Qui surprend l'homme à son premier instant !
Grâce de Dieu, tu prévins cet enfant.
La seconde Eve a toujours été pure. (*Bis.*)

Après la nuit, lorsque je vois éclore
Le point du jour, le soleil radieux
Caché pour moi, pénètre de ses feux,
Pour y passer, le sein de son aurore. (*Bis.*)

Que l'univers de ses chants retentisse :
» De l'Eternel l'éternelle splendeur
» De toute tache a préservé le cœur
» D'où doit jaillir le soleil de justice. » (*Bis.*)

Oui, je le crois. Eh ! qui pourrait entendre
Que le péché souillât un seul instant
Le chaste sein où le Dieu tout puissant,
Pour s'incarner, devait un jour descendre ? (*Bis.*)

DEUXIÈME DIMANCHE DE L'AVENT.

Sur le respect humain.

Air connu.

Cédant à la peur déicide
Qui dicta la mort de ton roi,
De la croix disciple timide,
Tu pourrais rougir de ta foi. (*Bis.*)
Quel est donc le Dieu de la terre
Dont tu crains de blesser les yeux ?
Pourquoi retires-tu tes vœux
Au puissant maître du tonnnerre ?

Quoi tu trahis ta foi, pour un fantôme vain!
Chrétien, (*Bis.*) tu fuis la croix pour le respect humain. (*B.*)

A deux autels tu sacrifies,
Je ne sais à quel Dieu tu crois.
A deux puissances ennemies
Tu ne saurais plaire à la fois. (*Bis.*)
Tour à tour tu veux être au monde,
Tour à tour au Dieu des vertus.
Il n'est qu'un maître, c'est Jésus.
Que l'évangile te confonde!
   Quoi, etc.

J'entendais ta voix dans le temple
De Jésus célébrer le nom;
Du vrai chrétien suivant l'exemple,
Tu disais les chants de Sion. (*Bis.*)
Mais hélas! à la faible enfance
Donnant un exemple fatal,
Vers la demeure de Baal
Tu diriges ton inconstance.
   Quoi, etc.

Je l'entends ce Dieu qui t'appelle.
Envers le juste il est moqueur.
A ses promesses infidelle,
Pour qui l'écoute il est trompeur. (*Bis.*)
Si redoutant sa raillerie
Tu délaisses Jésus, ton roi;
Ah! Jésus rougira de toi!
Sa croix sera ton ennemie!
   Quoi, etc.

Fuis, oh! fuis cœur pusillanime,
Triste défenseur des autels,
S'il te faut expirer victime
Au milieu des tourments cruels. (*Bis.*)

Mais quoi! la dette du martyre
Toujours est l'impôt de la foi.
Un chrétien pour sa sainte loi
Avec impatience expire.
Quoi! tu trahis ta foi, pour un fantôme vain !
Chrétien, (*Bis*) tu fuis la croix pour le respect humain. (*B.*)

Saint Joseph, époux de la Sainte Vierge.

AIR : *Jadis régnait en Normandie, etc.*

Epoux de la vierge Marie,
Vous que l'amour du Tout-Puissant
Choisit, pour veiller sur la vie
De Jésus, l'enfant-Dieu naissant,
Des époux le plus beau modèle,
Etranger à l'ombre du mal,
Des vertus ô miroir fidèle,
O beau lis, (*Bis*) ô cœur (*Bis*) virginal !
Veillez sur nous, (*Bis*) ami sincère,
De l'ennemi (*Bis*) trompez les coups.
Vous pouvez tout (*Bis*) par la prière.
Chaste Joseph (*Bis*), priez pour nous. (*Quater.*)

Que de soins le fils de Marie
Reçut de votre tendre amour !
Oui, sur son enfance chérie
Vous avez veillé nuit et jour.
Lorsque d'une loi meurtrière
Hérode eut frappé son berceau,
Vous avez dérobé, bon père,
Cet enfant (*Bis*) au fer (*Bis*) du bourreau.
Veillez sur nous, etc.

De tous côtés, avec malice,
L'ennemi de notre bonheur
Couvrant de fleurs le précipice,
Tend des piéges à notre cœur.
Il fait tout pour que je succombe.
Et, comment ne pas succomber!
Du berceau jusques à la tombe,
Au danger (*Bis.*) succède (*Bis.*) un danger.
Veillez sur nous, etc,

Vos soins, du rédempteur du monde,
Ont su nous conserver les jours.
Que votre faveur nous seconde
Et nous accompagne toujours.
Si vous avez su du Messie
Tromper le perfide bourreau,
Trompez la puissance ennemie
Qui m'attend (*Bis*) au bord (*Bis*) du tombeau.
Veillez sur nous, etc.

A Jésus, Joseph et Marie,
Puissè-je, en pensant tour à tour,
Voir s'écouler toute ma vie,
A l'abri de leur tendre amour!
Oui, puissè-je à ma dernière heure,
Bénissant leurs noms ici-bas
Et quittant ma triste demeure,
Voir s'ouvrir (*Bis*) le ciel (*Bis*) et leurs bras !
Veillez sur nous (*Bis*) ami sincère,
De l'ennemi (*Bis*) trompez les coups.
Vous pouvez tout (*Bis*) par la prière.
Chaste Joseph (*Bis*), priez pour nous. (*Quater.*)

TROISIÈME DIMANCHE DE L'AVENT.

Invitation à la Pénitence.

AIR : *Un Fantôme brillant, etc.*

Pécheurs entendez-vous cette voix qui vous crie ?
» Préparez au Seigneur un accès à vos cœurs.
» Sur vos égarements versez de dignes pleurs.
» Reconnaissez le tort d'une coupable vie,
» Vous qui de vos péchés gémissez sous le poids,
» Revenez tous à moi, mon amour vous pardonne.
» Tandis qu'il en est temps, rendez-vous à ma voix.
» De votre repentir (*Bis*) je serai la couronne. » (*Ter*.)

Sous le souffle de Dieu, votre faible existence,
Telle qu'une vapeur, pourrait s'évanouir.
Et vous ne tremblez pas, lorsqu'un long souvenir
Accuse votre cœur, dès la plus tendre enfance !
　Vous qui de vos péchés, etc.

Dès que l'arbre est frappé, la prudente vipère,
Glissant de son asile, évite l'ennemi.
Soyez, soyez prudents; car le trait est parti,
Il peut tomber, hélas ! sur l'enfant de colère.
　Vous qui de vos péchés, etc.

J'ai vu l'enfant heureux près d'une tendre mère.
Il lui disait adieu : c'était son dernier soir !
Le bel astre du jour qu'il espérait revoir,
Ne devait plus pour lui ramener la lumière.
　Vous qui de vos péchés, etc.

Tel qu'attendait de Dieu la longue patience,
Par son retard grossit le nuage vengeur

Qui doit lancer la mort et l'éternel malheur.
Pécheurs, ne lassez pas la divine clémence.
  Vous qui de vos péchés, etc.

 Prévenez, prévenez le temps de la justice.
Dieu vous presse; à sa voix n'allez pas résister.
Pour l'homme impénitent quelle horreur de tomber
Sous la main qui punit d'un éternel supplice !
  Vous qui de vos péchés, etc.

 Cédez donc, au plutôt, au remord salutaire
Qui vous fait palpiter à l'aspect du tombeau.
Venez laver vos cœurs dans le sang de l'agneau
Dont l'amour s'immola pour vous sur le calvaire.
» Vous qui de vos péchés gémissez sous le poids,
» Revenez tous à moi, mon amour vous pardonne.
» Tandis qu'il en est temps, rendez-vous à ma voix.
» De votre repentir (*Bis*) je serai la couronne. » (*Ter.*)

QUATRIÈME DIMANCHE DE L'AVENT.

Sur les fruits de pénitence.

AIR : *Non, non, non, ne l'oublions pas.*

» Coupez, brûlez l'arbre inutile
» Qui toujours trompa mon espoir;
» Je suis fatigué de le voir,
» Malgré mes soins, rester stérile.
» Ah ! Seigneur, encore une fois,
» A pardonner soyez facile.
» Ah ! Seigneur, encore une fois,
» Epargnez ce stérile bois.

2*

» Pardonnez, pardonnez, mon père,
» A l'arbre jusqu'alors sans fruit.
» Ah! de mon sang il est le prix.
» Mon père, entendez ma prière :
» S'il ne répond aux soins d'un Dieu,
» S'il irrite votre colère,
» S'il ne répond aux soins d'un Dieu,
» Qu'il serve d'aliment au feu!

» Essayons encor cette année,
» Nos soins sur ses ingrats rameaux.
» De fruits l'ardeur de nos travaux
» Peut-être sera couronnée.
» Maudit! s'il ne rapporte pas.
» Le feu sera sa destinée.
» Maudit! s'il ne rapporte pas.
» Il aura le sort des ingrats.

Oui, pécheur, le Dieu de clémence
Qui te prodigue ses bienfaits,
Attend, après tous tes forfaits,
De dignes fruits de pénitence.
Tu t'applaudirais de ton sort!
Tu te flatterais d'espérance!
Tu t'applaudirais de ton sort!
Stérile et froid comme la mort.

Depuis long-temps ton Dieu te presse
De revenir à son amour.
Mais peut-il croire à ton retour,
Si ton cœur l'offense sans cesse?
Viens te jeter entre ses bras,
Il t'absoudra de ta faiblesse.
Viens te jeter entre ses bras;
Mais du vice éloigne tes pas.

Quand le prodigue à son bon père
Revient, les yeux baignés de pleurs;

Il quitte à jamais ses erreurs.
Oh! que sa douleur est amère!
O modèle du vrai retour,
Que ton repentir est sincère!
O modèle du vrai retour,
Bénis ton père nuit et jour.

Dis-nous avec quelle constance
Tu reconnaissais la bonté
Qui rendit à ton cœur navré
Tous les titres de ton enfance..
Quelle fut ta fidélité,
Quelle fut ta reconnaissance,
Quelle fut ta fidélité,
Quand ce père t'eut pardonné.

» Ciel! de cet amour ineffable
» Pourrais-je oublier le bienfait?
» Ah! de tous mes torts ce forfait
» Eût été le plus exécrable.
» Si son amour me pardonna,
» Enfant malheureux et coupable,
» Si son amour me pardonna,
» Pouvais-je devenir ingrat?

» Lorsque l'Orient voit éclore
» La première lueur des cieux,
» Mon cœur s'enflamme avec les feux
» Du jour qui succède à l'aurore.
» Quand reparaît l'astre du soir,
» D'amour tout mon cœur brûle encore.
» Quand reparaît l'astre du soir,
» Aimer toujours est mon devoir.

Et quand de Jésus l'amour tendre
S'est fait victime sur la croix,
Pourrais-je, insensible à sa voix,
Différer encore de me rendre?

Non, mon Dieu, je reviens à toi.
Non, non, je ne veux plus attendre.
Non, mon Dieu, je reviens à toi.
A jamais j'embrasse ta loi.

Pour la fête de Noël.

AIR : *O Jésus, mes chers amours.*

Ecoute, terre, on chante aux cieux :
Gloire à Dieu, paix aux malheureux.
Ecoute, terre, on chante aux cieux :
Gloire à Dieu (*Ter*), paix aux malheureux.
Gloire à Dieu (*Ter*), paix aux malheureux.

L'enfant désiré d'Israël
Vient de naître pauvre et mortel.
Anges, chantez l'Emmanuel.
Il est né le divin Messie,
Chantez-le, céleste harmonie.

REPRISE :

Ecoute, terre, on chante, etc.

Salut, ô calme du beau soir
Qu'Abraham tressaillait de voir.
Salut, ô nuit pleine d'espoir.
Les anges du Dieu du tonnerre
Annoncent la paix à la terre.

REPRISE :

Ecoute, terre, on chante, etc.

Bergers, quittez votre troupeau.
Du Sauveur courez au berceau.
Ne craignez pas : l'éclat nouveau
Dont s'effrayait votre paupière,
Révèle le Dieu de lumière.

REPRISE :

Ecoute, terre, on chante, etc.

David naquit dans la cité
Où se trouve le nouveau-né,
Environné de pauvreté ;
Mais de cet enfant sous les langes,
Les anges chantent les louanges.

REPRISE :

Ecoute, terre, on chante, etc.

Une Vierge tient sur son sein
Ce fils l'espoir du genre humain ;
Et l'ange qui fermait Eden
De son étincelante épée,
Du ciel à l'homme ouvre l'entrée.

REPRISE :

Ecoute, terre, on chante, etc.

Aux traits du céleste courroux
Cet enfant vient s'offrir pour nous.
Mortels, tombez à ses genoux.
Les pleurs étaient votre partage ;
Mais il vous rend votre héritage.

REPRISE :

Ecoute, terre, on chante, etc.

Sous le pied de ce jeune enfant
Doit expirer le noir serpent
Qui fit long-temps votre tourment.
Il vient lui ravir sa victime,
Et de l'enfer fermer l'abîme.

REPRISE ;

Ecoute, terre, on chante aux cieux.
Gloire à Dieu, paix aux malheureux.
Ecoute, terre, on chante aux cieux :
Gloire à Dieu (*Ter*), paix aux malheureux.
Gloire à Dieu (*Ter*), paix aux malheureux.

Fête de saint Etienne, premier martyr.

AIR : *Du chant du Départ.*

» Le ciel s'ouvre à mes yeux : près du trône de gloire,
» Jésus, le vainqueur des enfers,
» Paraît au sein des chœurs qui chantent sa victoire
» Et lui promettent l'univers.
» En vain, Israël déïcide,
» Dans son sang tu trempas tes mains.
» Vainqueur de la mort il décide
» Du sort des fragiles humains. »

LE CHŒUR :

A Jésus seul honneur et gloire!
Honneur et gloire à notre foi.
A Jésus, à la foi victoire.
Mourons tous pour sa sainte loi. (*Bis.*)

Ainsi plein de l'esprit qui répand la lumière,
Etienne aux enfants d'Israël
Révélait la splendeur dont frappait sa paupière
La majesté de l'Eternel.
Que vois-je ? un peuple plein de rage,
Ennemi du nom de Jésus,
S'indigne et frémit de l'hommage
Que reçoit le Dieu des vertus.

LE CHŒUR :

A Jésus seul, etc.

Rejetons, as-tu dit, son joug de notre tête,
Nous ne voulons pas de ce roi.
De ce roi l'univers deviendra la conquête,
Et se courbera sous sa loi !
Et toi, chassé de ta patrie,
Sans roi, sans prophète, sans lois,
Sous le poids de l'ignominie,
Tu verras triompher la croix.

LE CHŒUR :

A Jésus seul, etc.

En vain tu te roidis, ô peuple déicide ;
Jésus se rit de tes complots.
En vain de ses élus ta fureur homicide
Versera le sang à grands flots.
De ce sang, semence fertile
Surgiront de nombreux essaims.
De l'enfer ta rage inutile
En vain seconde les desseins.

LE CHŒUR :

A Jésus seul, etc.

Marche, marche, poursuis. Achève la victime :
Etienne se livre à tes coups.
A ta haine implacable accorde encor ce crime !
De Dieu provoque le courroux !
Toi Saul, que des bourreaux d'Etienne
Je vois garder les vêtements,
Tu seras de la foi chrétienne
Un défenseur des plus ardents.

LE CHŒUR :

A Jésus seul, etc.

Chancelant sous les coups de ce peuple barbare,
Etienne fléchit les génoux.
» De ce peuple, dit-il, que l'ignorance égare,
» Dieu, détournez votre courroux.
» Autrefois il eut en partage
» Le privilége de la loi.
» Il perd le céleste héritage
» Avec le beau don de la foi.

LE CHŒUR :

A Jésus seul, etc.

Il disait.... mais sa voix avec sa vie expire
De Jésus murmurant le nom.
Pour ses cruels bourreaux, ce type du martyre
Comme lui demandait pardon.
Suivant l'encens de sa prière,
Du sein du peuple furieux,
Comme une colombe légère,
Il prend son essor vers les cieux.

LE CHŒUR :

A Jésus seul honneur et gloire !
Honneur et gloire à notre foi.
A Jésus, à la foi victoire.
Mourons tous pour sa sainte loi. *(Bis.)*

Fête de saint Jean l'évangéliste.

AIR : *De la Négresse.*

Vois cet aigle intrépide
Qui de lumière avide,
Comme l'éclair rapide,
Disparaît à mes yeux.
De son aile azurée,
Vite il fend la nuée.
De la voûte éthérée
Il vole au sein des cieux. (*bis*).

Il va s'asseoir au sacré sanctuaire.
Il fend les rangs des Séraphins surpris,
Et son œil plonge au torrent de lumière
Inaccessible aux célestes esprits.
Il interroge, au milieu du tonnerre,
Le sein fécond de la divinité.
Il était Dieu, dit-il, entends, ô terre !
Le Verbe était de toute éternité.

REPRISE :

Vois cet aigle, etc.

Il dit encore que, principe de vie,
Le Verbe a tout fait jaillir du néant,
Et que s'il s'est fait enfant de Marie,
L'homme de Dieu peut devenir enfant.
Puis il descend emportant dans sa serre
Tout l'avenir et les secrets des cieux.
Il les révèle, il les montre à la terre ;
Mais l'homme en vain y fatigue ses yeux.

REPRISE :

Vois cet aigle, etc.

Cet aigle, c'est le fils de Zébédée;
Son cœur est pur comme le plus beau jour,
C'est le foyer d'une flamme sacrée,
Il ne brûlat jamais d'un autre amour.
Quelle faveur sa candeur angélique,
Sa pureté, la reine des vertus,
Lui mérita, quand au banquet mystique,
Son cœur pressa le cœur du Dieu Jésus!

REPRISE :

Vois cet aigle, etc.

Il fut témoin de la vive lumière
Dont rayonnait Jésus sur le Thabor.
A son amour Jésus sur le Calvaire,
Légua le soin de son plus doux trésor.
Oui, c'est en lui que la Vierge Marie
Du meilleur fils retrouvera l'amour.
Lui seul verra cette mère chérie
Mourir, monter au céleste séjour.

REPRISE :

Vois cet aigle, etc.

O ciel! que vois-je? ô douloureux martyre!
L'airain frémit, l'huile brille d'ardeur.
C'est là qu'il faut, ô Jésus, qu'il expire,
Le bien-aimé disciple de ton cœur.
Il est plongé; mais il sort, ô merveille!
O le beau prix de sa virginité!
Frais comme un lis, comme une fleur vermeille!
L'huile, le feu, l'airain l'ont respecté.

REPRISE :

Vois cet aigle, etc.

Assez long-temps cette triste vallée
T'a vu fleurir, ô beau lis des élus,
Assez long-temps ta lèvre immaculée
Versa l'odeur du saint nom de Jésus.
D'un triple éclat ton trône au ciel rayonne :
O palme, ô pourpre, ô lis de pureté !
Le triple honneur d'une triple couronne,
Ceindra ton front pendant l'éternité.

REPRISE :

Vois cet aigle intrépide
Qui de lumière avide,
Comme l'éclair rapide,
Disparaît à mes yeux.
De son aile azurée,
Vîte il fend la nuée.
De la voûte éthérée
Il vole au sein des cieux. (*bis*).

Fête des saints Innocents.

AIR : *Quand je quittai la Normandie, etc.*

Un cri d'effroi frappe la nue.
De sanglots Rama retentit.
Au nom d'Hérode le fer tue
Des enfants!!... sur leur sang chéri
    Rachel (gémit *bis*.)
Console-toi mère affligée.
» Ah ! pourrais-je être consolée ?
» Mes beaux jours, mes vœux sont perdus !
» Mes tendres enfants ne sont plus.
    » Ils ne sont plus !
» Mes beaux jours, mes vœux sont perdus. »

Consoles-toi, mère affligée :
Vers le ciel élève tes yeux.
Moins belle était leur destinée,
Quand ils pressaient ton sein joyeux,
Ils sont (aux cieux ! *bis.*)
Tendre Rachel, cesse tes larmes :
Ils sont à l'abri des alarmes.
De ton cœur n'est-ce pas le vœu,
Toujours à toi, toujours à Dieu.
   Toujours à Dieu.
De ton cœur n'est-ce pas le vœu ?

Comme la fleur qui vient d'éclore,
Exhale une suave odeur,
Et reçoit des pleurs de l'aurore
Et son espoir et sa vigueur,
   Tel sur (ton cœur, *bis.*)
Cueilli par la faveur divine,
Ton fils comme une fleur s'incline,
De Dieu baise et bénit la main,
En se détachant de ton sein ;
   Oui sur ton sein
De Dieu baise et bénit la main.

Et moi, dans la triste vallée
Où tout se fâne et dépérit,
Je sens que mon âme lassée,
Dans la sécheresse languit
   Et se (flétrit. *bis.*)
Ah ! que n'ai-je, à ma première heure,
Des mortels quitté la demeure !
Errant dans ce terrestre lieu,
Que deviendrai-je enfant de Dieu ?
   Enfant de Dieu !
Errant dans ce terrestre lieu.

Enfants que l'honneur du martyre
Couronna d'immortelles fleurs,
Sur ma couche où bientôt j'expire,
Versez, versez quelques douceurs.
  Bientôt (je meurs. *bis.*)
Puissé-je, avec les chœurs des anges,
Avec vous chantant ses louanges,
Au sein du céleste séjour,
Voir et bénir le Dieu d'amour,
  Le Dieu d'amour,
Au sein du céleste séjour !

DIMANCHE DANS L'OCTAVE DE NOEL.

Liberté des enfants de Dieu.

AIR : *Du Troubadour*.

O liberté, j'ai vu ton doux sourire;
Tu viens enfin affranchir l'univers,
De nos tyrans tu viens briser l'empire,
Tu viens de l'homme anéantir les fers.
  Gloire au fils de Marie,
  A l'espoir de ma vie !
Il vient aux pleurs interdire mes yeux,   } (*bis*).
Il me promet un trône dans les cieux.

Assez long-temps j'eus les pleurs pour partage !
Assez long-temps, jouet de mille erreurs,
Je soupirai dans mon triste esclavage,
Je demandais un terme à mes malheurs.
  Gloire, etc.

Proscrit, hélas! du céleste héritage,
Dans mon exil, plus triste que la mort,
Du désespoir je vis le noir nuage
Planer sur moi; Jésus changea mon sort.
    Gloire, etc.

Jette tes fers, voici le fils de l'homme,
O genre humain, jette ton désespoir.
Ton Dieu, ton frère en s'immolant consomme
Et ta rançon, et ton plus noble espoir.
    Gloire, etc.

Aux cieux, mortels, aux cieux est votre père!
Jésus le dit...! aux cieux votre bonheur.
Dieu vous adopte au sein de la lumière.
Enfants de Dieu, chantez gloire au seigneur.
    Gloire, etc.

Maîtres du monde, à l'homme, à votre frère,
Faites léger le joug de votre loi.
Le roi des cieux, qu'il appelle son père,
Saurait venger et son sort et sa foi.
    Gloire, etc.

Ah! qui pourrait flétrir de l'esclavage
L'enfant du ciel, l'homme affranchi de Dieu?
Il faut à l'homme un bon père à tout âge.
Entendez, rois, de Dieu tel est le vœu.
    Gloire, etc.

Fête de la Circoncision.

AIR : *Loin des Châlets qui m'ont vu naître, etc.*

Nom de Jésus, nom d'espérance,
Que l'enfant-Dieu prend en ce jour,

Sous ton hospice, à la souffrance
Déjà prélude son amour.
O Dieu d'amour, bientôt prêtre et victime
Tu verseras tout ton sang précieux !
Dans ce sang pur tu laveras tout crime.
O doux espoir ! (tu nous rendras les cieux), *(bis)*
   O mon Jésus, mon sauveur,
   O mon Dieu, ô mon bonheur !
O mon Jésus, tu fermeras l'abyme,
   Le séjour de terreur.
Tu viens mourir, pour sauver le pécheur. *(bis)*.

   A peine huit fois de l'aurore
   Le retour éclaira l'autel ;
   Pour moi déjà ton sang implore
   Le pardon près de l'Eternel.
O Dieu d'amour, etc.

   Tu croîtras, tendre et sainte hostie ;
   Mais l'amour-Dieu, le glaive en main,
   Bientôt immolera ta vie
   Pour le salut du genre humain.
O Dieu d'amour, etc.

   Nom de Jésus, nom d'espérance,
   Sois adoré dans l'univers.
   Que le ciel dise ta puissance.
   Dis-là, sombre écho des enfers !
O dieu d'amour, etc.

   Voulez-vous partager la gloire
   De ce nom à jamais vainqueur ?
   A Jésus donnez la victoire,
   Sur le monde et sur votre cœur.
O Dieu d'amour, etc.

DIMANCHE ENTRE LA CIRCONCISION ET L'ÉPIPHANIE.

CANTIQUE A SAINT-JOSEPH.

Épiphanie.

AIR : *Ah! si je dois mourir, etc.*

Voûte des cieux, quelle est cette lumière
Que tu cachais depuis quatre mille ans
Pour éclairer quelque nouveau mystère,
Cet astre sort aujourd'hui de tes flancs.
Dieu vous appelle : Ah! suivez cette étoile
Qui vous conduit à son fils bien-aimé.
De l'avenir il vient lever le voile
Et dans son jour montrer la vérité.
    Mortels, prosternez-vous,
    C'est l'auteur de la vie,
    C'est le divin Messie
    Qui vous appelle tous.

Il vous appelle : Ah! quittez les ténèbres
De l'ignorance et de l'erreur des sens.
Quittez le vice et ses ombres funèbres.
A Jésus seul vos cœurs et vos présents.
Je vous appelle : hâtez-vous, rois et mages,
De tout pouvoir c'est le dispensateur.
A son berceau déposez vos hommages,
Offrez l'encens à votre créateur.
    Mortels, etc.

Il vous appelle : Offrez au fils de l'homme
La myrrhe, hélas! présage de la mort.
Il faut qu'un jour, par son sang il consomme
Notre rançon, pour changer notre sort.

Il vous appelle : et c'est lui qui couronne
Rois de la terre et puissance des cieux.
Offrez lui l'or dont votre front rayonne,
Pour votre trône adressez-lui vos vœux.
  Mortels, etc.

Il vous appelle au même sanctuaire,
Au même Dieu. C'est lui qui sur l'autel
Doit s'immoler, pour désarmer son père
Et des enfers délivrer le mortel.
Il vous appelle..... il vous appelle encore,
Peuple aveuglé, peuple aujourd'hui sans roi.
Il est béni du couchant à l'aurore ;
Vous seul encor résistez à la foi.
  Mortels, etc.

Il nous appelle : heureux qui suit l'étoile
Que son amour fait briller à nos yeux.
La vérité lui montrera sans voile
Le seul chemin qui conduit l'homme aux cieux.
Suivons Jésus : heureux l'homme assez sage
Pour se soumettre à sa religion.
A lui la paix, le bonheur, l'héritage,
Les plaisirs purs de la sainte Sion.
  Mortels, etc.

PREMIER DIMANCHE APRÈS L'ÉPIPHANIE.

Sur les Devoirs des-Pères et Mères.

AIR : *Comment goûter quelque repos, etc.*

Veillez au précieux dépôt,
Oui, veillez à la double vie

Des enfants que Dieu vous confie ;
Là sont tous vos biens ou vos maux.
Ah ! qu'il est coupable le père
A qui le devoir parle en vain !
Ah ! qu'il est coupable le sein
D'une imprudente et faible mère ! *(bis)*.

Pleurez sur vous et vos enfants,
Coupables mères de Solyme.
Votre négligence est un crime
Digne des plus grands châtiments.
Tremblez, trop insouciants pères,
Dans l'attente des grands malheurs
Dont le Dieu des fléaux vengeurs
Frappera palais et chaumières. *(bis)*.

Heureux, oui, mille fois heureux
Le sein innocent et stérile !
Le ciel, d'un compte bien terrible
L'affranchit, oubliant ses vœux.
Une mère impie et féconde
Est le fléau de l'univers.
Elle enfante pour les enfers,
Et son fruit souvent les seconde. *(bis)*.

Qu'ai-je entendu ? Dieu ! quels sanglots
S'élèvent du fond des abymes ?
C'est la voix des tristes victimes,
Au sein des feux toujours nouveaux.
« Fallait-il, ô malheureux père,
« Porter ce nom pour mon malheur !
« Fallait-il donc, à ma douleur,
« Pour les enfers devenir mère. *(bis)*.

« Du ciel, ah ! portez le courroux,
« Auteurs de mes jours, de mes larmes,

« La justice vibre ses armes
« Pour vous percer de mille coups.
« Rendez-lui compte de mon âme,
« Rendez-lui compte de mes maux.
« Vous remplirez de vos sanglots
« L'écho de l'éternelle flamme. (*bis*). »

Veillez au précieux dépôt;
Oui, veillez à la double vie
Des enfants que Dieu vous confie.
Là sont tous vos biens, tous vos maux.
Qu'il sera béni l'heureux père,
Fidelle à son divin devoir!
Qu'il est grand, qu'il est beau l'espoir
D'une pieuse et sage mère! (*bis*).

Chers à leurs enfants, chers aux cieux
Environnés d'amour sincère,
Non, jamais une larme amère
Ne s'échappera de leurs yeux.
Bientôt ils auront vu la gloire
Du Dieu qui combla leurs besoins.
Vous, enfants, de leurs tendres soins
Bénissez la douce mémoire. (*bis*).

Baptême de N.-S. J.-C.

AIR : *Eh quoi! déjà je vois le jour, etc.*

Sur le rivage du Jourdain,
L'illustre fils de Zacharie,
Parmi les pécheurs voit soudain,
Sur le rivage du Jourdain,
Jésus se courber sous sa main
Et toucher l'eau qu'il sanctifie. } (*bis*).

Parmi les pécheurs confondu,
Le divin rédempteur du monde,
A l'onde imprimant sa vertu,
Parmi les pécheurs confondu,
Fait un élément de salut
De l'onde en malheurs si féconde ! } (bis).

D'Elisée écoutant la voix,
Un riche, un puissant de Syrie,
Dès que son cœur eut dit : je crois,
D'Elisée écoutant la voix,
Dans l'onde se plongea sept fois, } (bis),
Et sa lèpre enfin fut guérie.

La lèpre disparaît soudain,
Et la chair de la tendre enfance
Renaît dans les eaux du Jourdain.
La lèpre disparait soudain,
Naaman, du pouvoir divin, } (bis).
Reconnaît l'heureuse influence.

O prodige plus étonnant !
L'homme qui naît fils de colère,
Dans l'onde se régénérant,
O prodige plus étonnant !
Du Seigneur devenant l'enfant, } (bis).
Au ciel brillera de lumière.

Quelle virginale blancheur,
La neige au lever de l'aurore
Etale en perles de splendeur !
Quelle virginale blancheur !
Mais l'homme de plus de candeur } (bis).
Au baptême rayonne encore.

Homme conçu dans le péché
Et souillé dans ton origine,

Dans l'onde un jour régénéré,
Homme corç.i dans le péché,
De l'ange égalant la beauté,
Vois ce que ton Dieu te destine. } *bis.*

L'onde des hommes fait des Dieux
Dignes de la céleste gloire.
Vers le ciel élève les yeux,
L'onde des hommes fait des Dieux.
Du monde sois victorieux, } *bis.*
Dieu couronnera ta victoire.

DEUXIÈME DIMANCHE APRÈS L'ÉPIPHANIE.

Sur l'Espérance.

AIR : *Fleuve du Tage.*

Douce espérance,
Prélude du bonheur,
Par ta présence
Tu charmes la douleur.
O divine ambroisie,
Doux parfum de la vie,
De tous mes jours
Viens enchanter le cours.

Mon âme, espère,
Dieu t'en fait un devoir.
Ce tendre père
Te commande l'espoir.
Le vœu de l'espérance
Captive sa clémence,
Et loin de nous
Enchaîne son courroux.

Dans la souffrance,
Vous qui passez vos jours,
　Que l'espérance
Vous soutienne toujours.
L'espoir et la prière
Toucheront le bon père,
　Et de douceurs
Il remplira vos cœurs.

　Triste victime
De ce monde trompeur,
　Toi dont le crime
Désespère le cœur,
Le Dieu de ton enfance
Te rend à l'espérance.
　Espère encor
A l'ombre de la mort.

　La voix plaintive
Du pauvre nautonnier
　Frappant la rive,
Révèle son danger.
Mais une ancre puissante,
Fixant sa nef tremblante,
　Lui fait un port,
Aux portes de la mort!

Que l'espérance
S'allie à la vertu,
　Et l'abondance
De Dieu suivra l'élu.
Ainsi de Galilée,
L'épouse fortunée
　Vit, sous sa main,
L'eau se changer en vin.

Oh ! que notre âme
Imite ses vertus !
Qu'elle s'enflamme
De l'amour de Jésus !
Qu'elle soit sainte et pure ;
Le Dieu de la nature,
Par son pouvoir,
Comblera son espoir.

TROISIÈME DIMANCHE APRÈS L'ÉPIPHANIE.

Sur la Foi.

AIR : *Dans ce profond mystère, etc.*

Au maître du tonnerre,
Toi qui sais commander,
Don puissant qu'à la terre
Le ciel daigne accorder,
Mère de l'espérance,
Foi, divine puissance,
Source des célestes bienfaits,
Du beau ciel de la France
Ne t'éloigne (jamais. *ter*.)

Qu'une science impie
T'oppose à la raison ;
Que l'incrédule nie
La beauté de ton nom.
Mère, etc.

Qu'un malheureux délire
Blasphême ton pouvoir.

Je bénis ton empire,
C'est mon plus doux devoir.
Mère, etc.

Que toujours ma patrie
Garde ton souvenir;
A tes mains je confie
L'heur de son avenir.
Mère, etc.

De ton sol sacrilège,
Malheureux Israël,
La Foi, ton privilège,
Retira son autel.
Mère, etc.

Cette belle lumière
Dont tu fuis le flambeau,
De notre peuple éclaire
Les yeux dès le berceau.
Mère, etc.

Par un orgueil impie,
A la terre des saints,
O foi, tu fus ravie.
Quelles coupables mains !
Mère, etc.

Pour ta fille chérie
Entends mes tendres vœux.
Reste avec ma patrie,
Rends ses enfants heureux.
Mère de l'espérance,
Foi, divine puissance,
Source des célestes bienfaits,
Du beau ciel de la France
Ne t'éloigne (jamais. *ter.*)

QUATRIÈME DIMANCHE APRÈS L'ÉPIPHANIE.

Bienfaits et triomphe de l'Église.

AIR : *De tes enfants reçois l'hommage, etc.*

Du monde la mer orageuse
Souvent se couvre de débris.
Du sein de la tourmente affreuse
S'élèvent de lugubres cris.
Des naufragés la voix plaintive
Retentit dans l'écho des cieux.
Enfin s'élance de la rive
    La nef que demandaient leurs vœux. (*bis*).
Viens, viens à nous, beau vaisseau de l'Église,
Seule espérance au sein du désespoir.
O Dieu Jésus, que ta nef nous conduise
Au port heureux où règne ton pouvoir. *bis*).

    Elle va parcourant les ondes
    La nef envoyée au malheur,
    Et flottant sur les eaux profondes,
    Aux naufragés offre un sauveur.
    L'imprudent qui, dans son délire,
    Sans elle, veut gagner le port,
    Au sein du désespoir expire,
        Frappé d'une éternelle mort. (*bis*).
Viens, etc.

    Victimes à la mort ravies,
    Sous la bannière de la croix,
    De reconnaissance attendries,
    Vers le ciel élevez la voix.

Mais quand ces paisibles victimes
Bénissent le ciel à genoux,
La mer agite ses abîmes
Et mugit de tout son courroux. *(bis)*.
Viens, etc.

Mille fois, en vain courroucée,
La mer exhala sa fureur,
Toujours son onde humiliée
De l'Eglise a servi l'honneur.
Monde, connais ton impuissance
Contre les célestes vertus,
La foi, l'amour et l'espérance
Voguant sous le nom de Jésus. *(bis)*.
Viens, etc.

Triomphe à l'Église, à son zèle !
Toujours les forts de l'univers,
Pour leur honte, uniront contr'elle
Leur rage à celle des enfers.
De Dieu la parole puissante,
Qui soutient le monde et les cieux,
Aux pieds foulera triomphante
Ses ennemis audacieux. *(bis)*.
Viens, etc.

Gloire à cette nef salutaire,
Puissante œuvre du roi des cieux !
Qu'elle poursuive sa carrière ;
Vers elle élevons tous les yeux.
Sur sa victorieuse voile
Est écrit le nom du salut.
Elle a la plus brillante étoile
Qui jamais aux cieux ait paru. *(bis)*.
Viens, etc.

Présentation de N. S. et Purification de la Sainte-Vierge.

AIR *D'un serment à Marie, et autres airs.*

Ouvrez-vous, ouvrez-vous, portes du sanctuaire,
Tressaillez, tressaillez, marbre du saint autel;
Fut-il jamais pour vous un jour plus solennel?
Jetez, flambeaux sacrés, des torrents de lumière. *(bis)*.
La fille du Très-Haut, vers vous porte ses pas;
Elle vient racheter le rédempteur du monde.
Nous, mortels, adorons notre Dieu dans ses bras,
Chantons gloire à Jésus *(bis)*, à la Vierge féconde *(bis)*.

Sortez, hommes, sortez de cette nuit profonde,
Mère de mille erreurs, de mensonges divers.
La lumière aujourd'hui brille dans l'univers;
Le fils de l'Eternel vient éclairer le monde. *(bis)*.
De la Vierge Marie accompagnons les pas :
Elle va racheter le Rédempteur du monde.
Nous, mortels, adorons notre Dieu dans ses bras,
Chantons gloire à Jésus *(bis)*, à la Vierge féconde *(bis)*.

Brillants dans le cristal de l'onde la plus pure,
Les rayons du soleil sont moins purs à mes yeux
Que le cœur virginal de la reine des cieux,
Qui de toutes les fleurs efface la parure. *(bis)*.
De la Vierge, etc.

Pourquoi craindre d'entrer au sacré sanctuaire?
La loi qui l'interdit aux femmes d'Israël,
S'anéantit pour vous, fille de l'Eternel.
Vous êtes de son fils et le temple et la mère. *(bis)*.
De la Vierge, etc.

Obéissez, mortels, le Dieu qui vous commande,
Le fils du Tout-Puissant, seul grand, seul saint, seul roi,
Vient, en se rachetant, obéir à la loi,
Et c'est l'humilité qui choisit son offrande. *(bis)*.
De la Vierge, etc.

Symbole de douceur, emblème d'innocence,
Deux jeunes tourtereaux, qu'offre la pauvreté,
Sont la simple rançon du Dieu de sainteté
Qui proscrira des cieux l'amour de l'opulence. *(bis)*.
De la Vierge, etc.

O ciel! qu'ais-je entendu? le beau cœur de Marie,
Un jour, sera percé d'un glaive de douleur.
Le juste Siméon, oracle du Seigneur,
Voit dans son jeune enfant une nouvelle hostie. *(bis)*.
De la Vierge, etc.

Oui, des nouveaux autels Jésus prêtre et victime,
Immolé sur la croix, restera parmi nous;
Et de Dieu, chaque jour, désarmant le courroux,
Scellera de son sang les portes de l'abîme. *(bis)*.
De la Vierge, etc.

CINQUIÈME DIMANCHE APRÈS L'ÉPIPHANIE.

Plaintes de l'Église militante à l'Église triomphante, sur les dangers du monde.

AIR : *Tu vas quitter notre montagne, etc.*

« A mon enfant, mère féconde,
« A peine ai-je donné le jour,

« Que mille dangers dans le monde
« Pressent le fruit de mon amour.
« Des cieux, épouse fortunée,
« Le bonheur sourit à vos vœux ;
« Et moi, d'amertume navrée,
« Dans les pleurs j'éteindrai mes yeux !
 « Pour mon enfant priez,
 « Mère, si vous l'aimez.
 « Pour mon enfant priez,
 « Mère, si vous l'aimez.
« Priez, mère, si vous l'aimez. (*bis*).

— Consolez-vous, craintive mère ;
Que l'espoir ne vous quitte pas.
Partout un ange tutélaire
De votre enfant suivra les pas.
A ses côtés, ami fidelle,
Il le défendra jour et nuit,
Comme l'oiseau qui sous aîle
De son amour cache le fruit.
 Mère, avec moi priez   } *bis.*
 L'époux que vous aimez.
Priez l'époux que vous aimez. (*bis*).

« De l'époux l'ange charitable
« De mon enfant suivra les jours ;
« Mais de l'enfer infatigable,
« L'ange aussi reviendra toujours.
« Au vice il sait donner des charmes,
« Cet ange habile et séduisant.
« Il promet un bonheur sans larmes.
« Souvent hélas ! qu'il est puissant !
 « Pour mon enfant priez,   } *bis.*
 « Mère, si vous l'aimez.
« Priez, mère, si vous l'aimez. (*bis*).

-- Il était fort l'ange rebelle ;
Mais un pied brisa son pouvoir,
Celui de la Vierge fidelle
Qui fit refleurir notre espoir.
Témoin de la douleur amère
Qui condamne vos yeux aux pleurs,
Elle aura pitié, tendre mère,
De vos craintes, de vos frayeurs.
  Mère, avec nous, priez } *bis.*
  Son fils que vous aimez.
Priez son fils que vous aimez. (*bis*).

De Dieu redoute la disgrâce,
Du ciel évite le courroux,
Enfant jusqu'alors plein de grâce,
Implorons la Vierge à genoux.
« O Vierge, ma douce espérance,
« Secourez-nous en ce bas lieu.
« De mon fils gardez l'innocence,
« Vierge puissante auprès de Dieu. »
  Pour mon enfant priez, } *bis.*
  Vierge, si vous l'aimez.
Priez, Vierge, si vous l'aimez. (*bis*).

-- Cessez vos pleurs, plaintive mère ;
L'écho de la céleste cour
Redit votre tendre prière,
La Vierge exauce votre amour.
De Jésus et du bel exemple,
Votre fils répandra l'odeur ;
Et du monde qui le contemple
Pourra détacher quelque cœur.
  Mère, avec moi, priez } *bis.*
  L'époux que vous aimez.
Priez, l'époux, si vous l'aimez. (*bis*).

« S'il faut qu'une trop longue vie
« De mon enfant tente le cœur ;
« S'il prend pour une voix amie
« La sirène au chant séducteur ;
« N'ira-t-il pas, faible victime,
« Pipé par le charme trompeur,
« Se livrer lui-même à l'abîme,
« Comme l'oiseau fuit l'oiseleur.
　　« Pour mon enfant priez, } bis.
　　« Mère, si vous l'aimez.
« Priez, mère, si vous l'aimez. (bis).

Elles sont justes vos alarmes ;
La crainte fait couler vos pleurs.
Le vice étincelle de charmes,....
Le serpent se couvre de fleurs....
Mais votre enfant plein de prudence,
Du siècle détournant ses yeux,
Conservera son innocence,
Et sera mon fils dans les cieux.
　　Vous le verrez un jour } bis.
　　En la céleste cour
Un jour, en la céleste cour. (bis).

SIXIÈME DIMANCHE APRÈS L'ÉPIPHANIE.

Sur la Perpétuité du Christianisme.

AIR : *Vierge sainte, rose vermeille, etc.*

Toujours il demande un miracle,
L'incrédule d'un ton moqueur.

Que nous donne donc en spectacle
De la foi l'arbrisseau vainqueur?
Planté sous l'effort de l'orage,
Près des animaux furieux,
De l'enfer il brava la rage, } *bis.*
S'élançant jusqu'aux cieux.

Près de lui, dans sa métairie,
Le simple habitant du hameau,
Avec soin, protège la vie
D'un jeune et fragile arbrisseau.
Il ceint de ronces tutélaires
L'espoir de ses jeunes enfants;
Et, près des cornes meurtrières, } *bis.*
Il fleurit au printemps.

Cet arbre vivra ses années
Environné de tant de soins;
Mais qu'atteint de mille cognées,
De mille coups sur tous les points,
L'arbre de la foi retentisse
D'un acharnement impuissant.
Et, sans tomber, toujours gémisse. } *bis.*
Quel prodige étonnant!

Oui, planté par des mains divines,
Cet incomparable arbrisseau
Domine toutes les ruines
Et dix-huit siècles au tombeau.
Oui, debout jusqu'au dernier âge,
Il verra toujours s'émousser
De l'enfer la hache et la rage, } *bis.*
Contre son tronc d'acier.

Pourquoi, mortels, cette furie?
Pourquoi tous ces efforts nouveaux?

Reconnaissez l'arbre de vie,
Reposez-vous sous ses rameaux ;
Et sous son ombre hospitalière
Couverts des brûlantes ardeurs,
Goûtez de son fruit salutaire } *bis.*
    Les divines douceurs.

Heureux le peuple qui sommeille
Dans la tombe, sous ses rameaux !
Près de lui, l'espérance veille
Sur la poussière des tombeaux.
Bientôt, tout brillant de lumière,
Du tombeau remontant le seuil,
Il doit secouer la poussiere } *bis.*
    Et le ver du cercueil.

SEPTUAGÉSIME.

Invitation de l'Église à l'esprit de Pénitence.

AIR : *Solitaire témoin.*

Cessez, cessez vos chants de joie et de victoire,
Du temple de Sion, vous qui touchez le seuil,
    Avec moi couvrez-vous de deuil,
    Aux cieux cessez de dire gloire.
Suspendez aux lambris vos instruments muets,
Unissez-vous à mes justes alarmes.
De l'univers déplorons les forfaits.
Pleurons (*bis*), le ciel pardonne aux larmes.

Témoins de ma douleur, pleurez sur le vertige
Des pécheurs endurcis qui me percent le cœur.

Des sacrifices du Sauveur
Ils n'ont pas compris le prodige.
Ils ont anéanti le prix de ses douleurs.
Ils se sont ri des éternels abîmes.
Criez, criez, touchés de leurs malheurs :
Pardon (*bis*)! ciel, oubliez leurs crimes.

Loin de vous, mes enfants, d'imiter leur licence,
Loin de vous d'irriter le céleste courroux!
   Avec moi pleurez à genoux,
   De Dieu désarmons la vengeance.
N'allez pas oublier d'anciens égarements!
En saints regrets heureux qui se consume!
Dites encor dans vos cœurs pénitents :
Mon Dieu (*bis*)! voyez notre amertume.

Quelle est triste l'erreur! qu'il est grand le délire
De l'homme qui bravant l'avenir de son sort,
   Mange et boit attendant la mort,
   Et pour le plaisir seul respire!
Sur l'abîme il s'endort, dans un repos brutal,
Provoquant Dieu par l'audace du crime.
Frappé soudain, atteint du coup fatal,
Il tombe (*bis*) au pouvoir de l'abîme.

Qu'un souvenir mêlé d'une sainte tristesse,
Enfants, dans votre cœur, fixe le repentir.
   Bientôt les larmes vont finir,
   Bientôt règnera l'allégresse.
Mais aujourd'hui pleurez, car demain vous mourrez.
De vos péchés faites tous pénitence.
De vos rigueurs, de vos austérités,
Un Dieu (*bis*) sera la récompense.

SEXAGÉSIME.

Sur les moyens de profiter de la parole évangélique.

AIR *Du serment français.*

De Dieu la parole féconde
Qui du cahos et du néant
Fit jaillir la vie et le monde,
Est aussi des vertus le germe et l'aliment.
Oui, cette parole fertile *(bis)*,
Qui d'êtres peupla l'univers,
Féconde le sable stérile,
Et fait porter des élus aux déserts. *(bis)*

Mais si le froment, espérance
De nos corps et de nos besoins,
Commande notre vigilance,
Le froment des élus demande aussi ses soins.
C'est en vain qu'au sein des épines *(bis)*
Voudrait semer le laboureur.
Ainsi les paroles divines
Veulent aussi la culture du cœur. *(bis)*.

L'homme des champs de soins prodigue,
Pour s'épargner de vains regrets,
A mille travaux se fatigue
Avant de confier la semence aux guérêts.
De son espoir dépositaire *(bis)*,
Le sillon, touché du hoyau,
Reçoit une terre légère,
Se refermant sous ce travail nouveau. *(bis)*.

De tendres soins environnées,
Comme l'enfant dans son berceau,
La semence ainsi protégée
Echappe inaperçue au larcin de l'oiseau.
  Puis, sur sa racine profonde *(bis)*,
  Le germe surgissant soudain,
  Ramène l'espérance au monde.
Quand de la terre il a percé le sein. *(bis)*.

Les richesses sont des épines,
Des ronces qui blessent les cœurs
Et dont les tenaces racines
S'entrelacent souvent aux plaisirs, aux honneurs.
  Arrachons ces ronces stériles *(bis)*,
  Préparons nos cœurs à l'espoir :
  Nos âmes deviendront fertiles
Et du bon grain montreront le pouvoir. *(bis)*.

Que notre âme dépositaire
De cette semence des cieux,
Couvre de la terre légère
De la réflexion, ce grain mystérieux.
  Bientôt la céleste rosée *(bis)*
  Aidant le germe des vertus,
  De la terre ainsi fécondée,
Fera sortir le froment des élus. *(bis)*.

QUINQUAGÉSIME.

Sur l'aveuglement spirituel et volontaire.

AIR : *Tu vas quitter notre montagne, etc.*

« Pour moi quelle douleur amère !
« Ne suis-je pas bien malheureux ?

« Je ne verrai jamais ma mère,
« Ni la douce clarté des cieux....
« On dit que, pour rendre la vue
« Et le bonheur au genre humain,
« Un Dieu descendit de la nue.
« S'il voulait changer mon destin!...
   « Ayez pitié de moi,   } *bis.*
   « Seigneur, voyez ma foi.
« Seigneur, ayez pitié de moi. (*bis*). »

Ainsi palpitant d'espérance,
Assis sur le bord du chemin,
L'aveugle invoquait la puissance
Du Dieu qui commande au destin.
Ainsi sa douleur solitaire
Gémissait près de Jéricho :
Témoin de sa triste prière,
Avec lui redisait l'écho :
   Ayez pitié de moi,   } *bis.*
   Seigneur, voyez ma foi.
Seigneur, ayez pitié de moi. (*bis*).

De Jéricho Jésus s'avance :
La foule accompagne ses pas;
A l'aveugle impose silence,
Mais sa foi ne l'écoute pas :
« Jésus, que le ciel nous envoie,
« Soyez touché de mon malheur ;
« Faites aussi que je vous voie.
« Ah! n'aurai-je pas ce bonheur?
   « Ayez pitié de moi;   } *bis.*
   « Jésus, voyez ma foi.
« Jésus, ayez pitié de moi. (*bis*).

-- « Voyez, elle vous est rendue,
« Elle est rendue à votre foi,

« Aveugle, recouvrez la vue,
« Bénissez mon père avec moi.
« Mais hélas! qu'il est plus funeste,
« Votre aveuglement, cœurs ingrats,
« Qui fuyez le flambeau céleste
« Envoyé pour guider vos pas!
   « Ah! donnez-leur la foi,   } bis.
   « Mon père, exaucez-moi.
« Mon père, ah! donnez-leur la foi. (bis).

« En vain je vous donne en spectacle
« Les prodiges de mon pouvoir;
« En vain aujourd'hui ce miracle
« Frappe l'œil qui ne veut pas voir;
« En vain je scellai ma doctrine
« De mille prodiges divers.
« Pour vous elle n'est pas divine,
« Malgré l'aveu de l'univers.
   « Ah! donnez-leur la foi,   } bis.
   « Mon père, exaucez-moi.
« Mon père! ah! donnez-leur la foi. (bis).

« Sans craindre l'éternel supplice,
« Vous trébuchez près du tombeau;
« Et pour mieux vous livrer au vice,
« Sur vos yeux jetez un bandeau.
« Marchez, marchez; mais à l'abîme
« Vous conduira ce dernier pas.
« En vain je me suis fait victime,
« Pour vous délivrer, cœurs ingrats!
   « Ah! donnez-leur la foi,   } bis.
   « Mon père, exaucez-moi.
« Mon père, ah! donnez-leur la foi. (bis). »

Otez, aveugles volontaires,
De vos yeux, ôtez le bandeau.

Suivez mes avis salutaires;
De la foi prenez le flambeau.
Dans le chemin de la justice
Rentrez, rentrez dès aujourd'hui.
Eloignez-vous du précipice
Où le mensonge vous conduit.
  Ah! donnez-leur la foi, } bis.
  Mon père, exaucez-moi,
Mon père, ah! donnez-leur la foi. (bis).

Pour le Lundi des 40 heures.

AIR : *Au fonds des brûlants abîmes, etc.*

 « Est-il plus touchant miracle
 « Que celui de mon amour?
 « Seul dans ce saint tabernacle,
 « Je soupire nuit et jour.
  « Sion, Sion,
 « Est-il plus triste spectacle
 « Que celui de ma maison?

 « Vous qui dans ce sanctuaire
 « M'environnez nuit et jour,
 « Est-il douleur plus amère
 « Que celle de mon amour?
  « Pleurez, pleurez
 « Avec le Dieu du calvaire,
 « Anges saints qui l'adorez. »

Quelle est grande la malice
Des ennemis du sauveur!
Qu'il est amer le calice
Dont ils abreuvent son cœur!

Pleurons, pleurons ;
Que ce temple retentisse
De nos pleurs, si nous l'aimons.

Pécheur, toujours à ta mère
Tu rends amour pour amour.
Tu sais payer de ton père
Les soins d'un juste retour.
　　Pécheur, pécheur,
Un Dieu mort sur le calvaire
Ne saurait toucher ton cœur!!!

« Contemple l'Eucharistie,
« Prodige admiré des cieux.
« Contemple la sainte hostie
« Où je me cache à tes yeux.
　　« Pécheur, pécheur,
« Contemple ce pain de vie
« Qui commença ton bonheur.

« A son aspect que de crimes
« Te reprochent le remord !
« Combien de fois des abîmes
« As-tu mérité le sort !
　　« Pécheur, pécheur,
« Crains qu'au nombre des victimes
« Ne te jette un Dieu vengeur. »

Quitte le chemin du vice,
Dans ce temple viens gémir.
J'unirai mon sacrifice
Aux pleurs de ton repentir.
　　Pécheur, pécheur,
Le ciel à tes pleurs propice
Te remettra ton erreur.

Pour le Mardi des 40 heures.

AIR : *Mon doux Jésus, etc.*

Prosternons-nous aux pieds de l'Eternel ;
Pleurons, pleurons devant le saint autel.
   Adressons au Dieu de Sion,
   Nos regrets, nos alarmes.
   Disons, arrosant sa maison
   De nos pieuses larmes :
     Mon Dieu, pardon !

Mon Dieu, pardon, votre peuple à genoux
Veut désarmer votre juste courroux.
   Ne seriez-vous plus le Dieu bon,
   Vous, ô Dieu de clémence ?
   Votre peuple en votre maison
   Crie avec confiance :
     Mon Dieu, pardon !

Mon Dieu, pardon ! nous le confessons tous,
Nous avons mérité votre courroux.
   Nous sommes dignes d'abandon
   Et de votre vengeance ;
   Mais la vieillesse de Sion
   Vous dit avec l'enfance :
     Mon Dieu, pardon !

Mon Dieu, pardon ! souvent nous reviendrons
Devant l'autel humilier nos fronts.
   Demain avec confusion,
   Notre douleur amère
Redira dans votre maison,
Se couvrant de poussière :
     Mon Dieu, pardon !

Partie du Printemps.

PREMIER DIMANCHE DE CARÊME.

Sur le Temps.

AIR : *Nous n'avons qu'un temps à vivre, etc.*

Qu'il s'enfuit avec vitesse !
Qu'il est prompt pour le tombeau,
Le temps traître à la vieillesse
Comme à l'enfance au berceau !
Comme le trait lancé s'envole
Et frappe en un instant le but,
Tel avec le plaisir frivole
S'enfuit le temps qu'on a perdu.
Qu'il s'enfuit, etc.

Comme la fleur qui vient d'éclore,
L'homme meurt aussitôt qu'il naît ;
Ainsi du couchant à l'aurore
Brille l'éclair qui disparaît.
Qu'il s'enfuit, etc.

La vie à peine ouvre sa voie
Que la mort se saisit de nous.
Ainsi s'élance sur sa proie
L'aigle frémissant de courroux.
Qu'il s'enfuit, etc.

Le tems qui mesure la vie,
Est le plus beau présent des cieux.
Ah! n'est-ce pas une folie
De perdre ce don précieux?
Qu'il s'enfuit! etc.

Jamais perle plus précieuse
Ne parut aux yeux du mortel.
Dans les mains de l'âme pieuse
Elle vaut un trône éternel.
Qu'il s'enfuit, etc.

Souvent l'imprudente jeunesse
Se dit : Comment passer ce jour?
Bientôt en vain, pleurant sans cesse,
Elle invoquera son retour.
Qu'il s'enfuit, etc.

Du fonds de l'horrible demeure
Où l'a jeté son prompt trépas,
Un malheureux demande une heure;
Mais ses vœux ne l'obtiendront pas.
Qu'il s'enfuit, etc.

Vous qui dans le chemin du vice
Perdez un demi-siècle et plus,
Bientôt dans l'éternel supplice
Vous ferez des vœux superflus.
Qu'il s'enfuit, etc.

Tel qui dissipe cette année,
Vers le ciel poussera ce cri :
Grand Dieu! trève d'une journée!
Et mourra surpris cette nuit.
Qu'il s'enfuit, etc.

Oui tel qui prodigue la vie
Et les heures du repentir,
En vain à l'avenir se fie.
Il n'est pas à lui l'avenir.
Qu'il s'enfuit, etc.

Perdre le temps, ah! c'est un crime
Qui mène au dernier des malheurs.
Qui le perd remplira l'abîme
De gémissements et de pleurs.
Qu'il s'enfuit, etc.

Du temps faisons valoir les heures,
Comme l'avare fait son or.
Dans les éternelles demeures
Nous amasserons un trésor.
Qu'il s'enfuit, etc.

Loin de nos cœurs chassons le vice,
Soyons justes dans ce bas lieu.
Les œuvres seules de justice
Peuvent sourire à notre Dieu.
Qu'il s'enfuit, etc.

DEUXIÈME DIMANCHE DE CARÊME.

Sur le Bonheur.

AIR : *Solitaire témoin, etc.*

A chercher le bonheur en vain je me consume!
J'espérai mille fois, et mille fois trompé,
   Sans espoir je suis retombé
Dans une nouvelle amertume.

Mais encor espérant le trouver ici-bas,
D'un nouveau feu tout mon être s'enflamme.
  Si le bonheur enfin n'existe pas,
  Mon Dieu (*bis*), viens détromper mon âme.

Qui ne sait la douleur? qui ne sait la souffrance
Qui tyranise un cœur avide de bonheur?
  Lorsque trompé dans son ardeur,
  Sans cesse il voit fuir l'espérance.
Replongé mille fois au sein du désespoir
Il cède encor au désir qui l'enflamme.
  Ah! du bonheur, si je ne puis le voir,
  Mon Dieu (*bis*), viens détromper mon âme.

« J'ai tenu sous ma main tous les trésors du monde.
« J'ai vu ceindre mon front des couronnes des rois.
  « Tout pliait soumis à mes lois,
  « Vainqueur sur la terre et sur l'onde. »
Est-ce là le bonheur? non. Dirigeons nos pas
Vers le plaisir, pour lui mon cœur s'enflamme.
  Dans le plaisir s'il ne se trouve pas,
  Mon Dieu (*bis*), viens détromper mon âme.

« Sous la voûte des cieux, du couchant à l'aurore,
« J'ai vu tous les plaisirs sourire à mes désirs; »
  Mais quant au bonheur, mes soupirs
  Attestent que je cherche encore.
Qui des plaisirs trompeurs ne se fatigue pas?
Qui dans son cœur n'en sent le vide immense?
  Vers le bonheur qui conduira mes pas?
  Bonheur (*bis*), toujours à toi je pense.

« Non, mon fils, le bonheur n'est pas une chimère.
« Tu le trouvas un jour, quand épris de ma loi
  « Tu jurais de n'aimer que moi :
  « Mais j'ai cessé d'être ton père.

« Hélas ! tu me quittas, pour suivre tes penchants,
« Pour les plaisirs dont la coupe empoisonne.
« Pour le bonheur ils sont tous impuissants. »
Reviens (bis), mon amour seul le donne.

Le monde te promet qu'à tes serments parjure,
Chez lui tu trouverais plaisir, félicité.
  Son bonheur n'est que vanité,
  Et ses promesses qu'imposture.
Reprends, mon fils, reprends le saint joug de ma loi.
Quitte le monde ; heureux qui l'abandonne.
  Il trouve ici le bonheur avec moi ;
  Au ciel (bis), et bonheur et couronne.

TROISIÈME DIMANCHE DE CARÊME.

Beauté de la Doctrine évangélique.

Air : *Dans son printemps, etc.*

Près des mortels, la sagesse incréée,
Pour les instruire a fixé son séjour.
Qu'il en est peu qui fréquentent sa cour !
De plus en plus elle est abandonnée. (bis).

Quand le Seigneur eut donné pour partage
A Salomon, et sagesse et grandeurs,
Vint de Saba, parmi ses auditeurs,
La reine même, interroger le sage. (bis).

« Jamais, grand roi, jamais tant de science
« Ne signala les lèvres des humains :
« Tous tes conseils, tous tes mots sont divins.
« Tant de sagesse ajoute à ta puissance. (bis).

« De mes sujets, oh! si je n'étais mère,
« Parmi les tiens j'habiterais ta cour.
« Et sans couronne, heureuse en ce séjour,
« Pous t'écouter j'aurais ma vie entière. (*bis*).

« Reçois mes vœux, grand roi! reçois encore
« Cette topaze, honneur de mes présents.
« Du Dieu des dieux offre le pur encens,
« Redis son nom du couchant à l'aurore. (*bis*). »

Eh bien! mortels, de ce Dieu de sagesse,
Pour vous, le fils est descendu des cieux.
Il vous appelle : et vous, sourds à ses vœux,
A votre Dieu vous résistez sans cesse. (*bis*).

De sa parole une femme ravie
Rend témoignage à l'oracle divin.
« Heureux, dit-elle, heureux cent fois le sein,
« Où tu puisas la sagesse et la vie! (*bis*). »

De sa sagesse il fit dépositaire,
Pour éclairer les aveugles mortels,
Leur frère élu pour ses sacrés autels,
L'homme de Dieu, l'ange du sanctuaire. (*bis*).

Le fils de Dieu nous a donné l'exemple,
Lui la splendeur, la science des cieux;
Lui dont l'éclat éblouit tous les yeux,
Dieu des docteurs, il les suivait au temple. (*bis*).

Venez, mortels, venez dans cette enceinte,
De la sagesse écouter la leçon,
Aimez les chants et le Dieu de Sion,
Venez ici méditer sa loi sainte. (*bis*).

C'est cette loi qui doit juger le monde :
Du vrai savant c'est l'étude et l'espoir.
Disparaîtront avec leur vain savoir
Tous les mortels, le ciel, la terre et l'onde. (*bis*).

QUATRIÈME DIMANCHE DE CARÊME.

AIR : *Dans ce profond mystère, etc.*

O douce providence,
Partout tu nous fais voir
Et tendresse et puissance,
Source de notre espoir:
O sagesse infinie,
Arbitre de ma vie,
De toi j'attends tout mon secours.
A l'homme qui te prie
Tu l'accordes (toujours. *bis*).

Quand une voix plaintive
S'élève vers les cieux,
Toujours mère attentive
Tu te rends à ses vœux.
O sagesse, etc.

Je te vois sur la rive
Arrêter un berceau
Sur l'onde fugitive
Par un faible roseau.
O sagesse, etc.

L'enfant sauvé de l'onde,
D'un grand peuple l'espoir,
Etonnera le monde
En servant ton pouvoir.
O sagesse, etc.

A ta sollicitude
Qui ne te connais pas?

Jusqu'en la solitude
Tu veux suivre nos pas.
O sagesse, etc.

« Agar de tes alarmes
« Ne trouble plus l'écho :
« Cesse, cesse tes larmes,
« Ici coule un ruisseau.
« O sagesse, etc.

« Reviens, mère attendrie,
« Reviens à ton enfant.
« Le ciel garde sa vie
« Et le rendra puissant. »
O sagesse, etc.

Oui, douce providence,
Ils sont tendres tes soins !
Oui, partout ta puissance
Pourvoit à nos besoins.
O sagesse, etc.

O fidelle compagne,
Par ton pouvoir divin
Tu sus sur la montagne
Multiplier le pain !...
O sagesse, etc.

Sois à jamais bénie
Providence d'amour,
Qui veilles sur ma vie,
Et la nuit et le jour.
O sagesse, etc.

Sans nulle inquiétude,
Suivons, suivons Jésus ;
De sa sollicitude
Il couvre ses élus.
O sagesse, etc.

Annonciation et Incarnation de N.-S.

Air : *Où peut-on être mieux, etc.*

« Salut, seule beauté,
« Miroir de pureté ;
« Salut, vierge Marie,
« A ta virginité
« Honneur, félicité,
« De Dieu, fille chérie.
« En toi réside le Seigneur ;
« Toujours il posséda ton cœur.
  « Un jour Sion
  « Et sa maison   } *bis*
 « Célèbreront ton nom.

« Loin de toi, la frayeur,
« O fille du Seigneur ;
« A ses yeux tu sus plaire :
« Ravi de ta pudeur,
« Il fera de ton cœur
« Le plus beau sanctuaire.
« Des cieux si je suis descendu,
« C'est pour couronner ta vertu.
  « Bientôt ton sein,
  « Du genre humain
 « Changera le destin.

« Oh ! qu'il est beau le don
« Que le Dieu de Sion
« Réserve à ta sagesse !
« Que toute ta maison
« Bénisse son saint nom,
« Tressaille d'allégresse !

« Oui, de ton sein immaculé
« Naîtra le fils si désiré ;
   « Et le Seigneur
   « De ta pudeur
  « Conservera la fleur.

« Vierge et mère à la fois,
« Au fils du roi des rois
« Tu dois donner la vie.
« L'Esprit-Saint fit ce choix ;
« C'est lui qui par ma voix
« Te l'annonce, ô Marie!
« Il donne la fécondité ;
« Pourrait-il en être privé?
   « Sa chaste ardeur
   « De ta pudeur
  « Fécondera la fleur. »

Veillez, chastes esprits,
Sur cet auguste fils,
Environnez sa mère.
Près de la mort assis
Et pressé d'ennemis,
 C'est en lui que j'espère.
Il doit dissiper mon erreur
Et mettre fin à mon malheur.
   De cet enfant,
   Sur le tyran,
  Le bras sera puissant.

A ta virginité,
A ta maternité,
 Gloire à jamais Marie.
Oui, tes flancs ont porté
Le Sauveur désiré
Et l'auteur de la vie.

Vierge, daigne me protéger :
Dirige-moi dans le danger.
  Reine des cieux,
  Des malheureux,
Entends toujours les vœux.

DIMANCHE DE LA PASSION.

Sur la Calomnie.

AIR : *Tu nous quittas, etc.*

Pourquoi me fuir, ami long-temps fidelle ?
Hier encor, vrai comme le miroir,
Tu me jurais une amour étenelle.
Qui t'inspira de ne plus me revoir ?
 C'est toi, perfide calomnie,
Vil instrument du lâche détracteur.
 Frappe, cruelle, ah ! prends ma vie,
  Ah ! prends ma vie,
 Et laisse-moi l'honneur.

J'étais heureux, quoique sans opulence ;
Car un beau nom vaut cent fois mieux que l'or.
Qui m'a ravi ma seule jouissance ?
Qui m'a ravi mon unique trésor ?
 C'est toi, etc.

Le noir serpent, sans toucher sa victime,
L'atteint au cœur par son souffle fatal.
Né comme lui pour le mal et le crime,
Qui put flétrir mon honneur virginal ?
 C'est toi, etc.

Je suis blessé!!.. ma blessure est mortelle.
Mon cœur est sain ; mais mon honneur est mort.
Il est frappé d'une mort éternelle.
Quel ennemi m'a fait ce triste sort ?
   C'est toi, etc.

Qui ne connaît cette unique vipère
Qui, pour blesser, vibre son triple dard ?
Qui ne connaît la langue meurtrière
Dont la parole est un triple poignard ?
   C'est toi, etc.

Pour les enfers qui fait plus de victimes ?
Qui reproduit par essaim les forfaits ?
Qui ne saurait énumérer ses crimes ?
Et qui succombe immolé par ses traits ?
   C'est toi, etc.

Qui me rendra mes amis, ma fortune ?
Qui me rendra mon honneur, mes vertus ?
Ah! de mes pleurs, ciel, si je t'importune,
Tu sais le prix des biens que j'ai perdus !
  Rends-moi, perfide calomnie,
Vil instrument du lâche détracteur,
   Rends-moi mon honneur, prends ma vie ;
     Oui, prends ma vie ;
  Mais rends-moi mon honneur.

POUR LE DIMANCHE DES RAMEAUX ET LE TEMPS DE LA PASSION.

Jésus au Jardin des Oliviers,
OU
LA RÉSIGNATION A LA VOLONTÉ DE DIEU.

AIR : *Sur la neige de la montagne, etc.*

Sur la montagne solitaire,
Prosterné près de l'olivier,
Jésus disait cette prière,
Sous un ciel, sur un sol d'acier :
« Quel calice votre colère
« Présente à mes lèvres, Dieu fort !
« Le boirai-je aujourd'hui (mon père, *bis*)
« Il est amer jusqu'à la mort.
« Il est amer (*bis*) jusqu'à la mort.

« Mon âme à ce penser succombe
« Et voudrait l'éloigner de moi.
« Mais du berceau jusqu'à la tombe
« Votre volonté fait ma loi.
« Cependant avec ma prière
« Si la justice était d'accord...!
« Eloignez-le de moi (mon père, *bis*)
« Il est amer jusqu'à la mort.
« Il est amer (*bis*) jusqu'à la mort.

« Ma gloire s'est anéantie
« En revêtant l'humanité ;
« Ma force s'est évanouie
« En voyant le vin du péché ;

« Ce vin amer que la colère
« Me pressurait avec effort,
« Faut-il donc le boire ô (mon père *bis*)?
« Il est amer jusqu'à la mort!
« Il est amer (*bis*) jusqu'à la mort! »

Il dit et tombe contre terre.
Sa sueur se mêle de sang!
O Jésus, maître du tonnerre,
N'êtes-vous plus le Dieu puissant?
Il renouvelle sa prière,
Redit encor avec effort :
« Je me meurs, quel calice (ô père *bis*)!
« Il est amer jusqu'à la mort!
« Il est amer (*bis*) jusqu'à la mort!

« Mais une voix se fait entendre :
« Ange de secours, est-ce toi?
« Des cieux hâte-toi de descendre,
« Ange de force, soutiens-moi.
« J'épuiserai la coupe entière ;
« Oui, je veux accomplir mon sort.
« Vous serez obéi (mon père, *bis*)
« Jusqu'à la croix, jusqu'à la mort.
« Jusqu'à la croix (*bis*), jusqu'à la mort. »

LE VENDREDI SAINT.

Jésus sur la Croix.

Air de la Négresse.

« J'ai soif : un peu d'eau pure
« Au Dieu de la nature.

« Est-il âme assez dure
« Pour refuser Jésus?
« Mon âme est accablée,
« Ma chair est consumée,
« Ma gorge est desséchée
« Et mon cœur ne bat plus (bis).

« Enfant de l'homme, à l'auteur de ton être,
« A ton sauveur donne, donne un peu d'eau.
« Pour l'approcher des lèvres de ton maître,
« Trempe l'éponge au bout de ce roseau.
« Quand sur la croix, pour racheter le monde,
« Tu vois mes yeux s'éteindre dans les pleurs.
« Pourrais-tu bien me refuser cette onde?
« J'ai soif! j'ai soif! je brûle, je me meurs.

REPRISE :

« J'ai soif : un peu d'eau pure, etc.

« Hâte tes pas, mon enfant, quel martyre!
« La soif me brûle et tu n'arrives pas!
« Un voile épais couvre mes yeux, j'expire!
« Je ne vois plus..... hâte, hâte tes pas.....
« O terre, ô ciel, quelle liqueur amère!
« Ah! quelle aigreur me soulève le cœur!
« Je meurs, je meurs, tu m'abandonnes, père! »
Il dit, gémit, baisse la tête et meurt.

L'astre qui nous éclaire
Refuse sa lumière;
Je sens trembler la terre
Sous la croix de Jésus :
Et les rochers gémissent,
Et les astres pâlissent,
Et les enfers frémissent !!!
Pleurons, Jésus n'est plus (bis).

Dimanche de la Résurrection de N.-S. J.-C.

Air du Drapeau.

Il est ressuscité !......
O mort, il est échappé !..
Jésus a brisé nos fers,
Vaincu le monde et les enfers,
Il a rompu le sceau
  De la haîne.
Rien dans le tombeau
  Ne l'enchaîne.
Vainqueur de l'orgueil,
Il trompe le ver du cercueil.

Oui, ton dard a vaincu ;
Mais, qu'est-il donc devenu :
O mort, il s'est émoussé
Sur le Dieu qu'il a terrassé.
L'abeille en sa fureur
  Ainsi blesse
De son dard vengeur,
  Et le laisse
  A son ennemi ;
Et dans sa victoire périt.

A quoi bon à ta loi
Avoir soumis ce grand roi ?
Avec toi le glaive nu
En vain veille près du vaincu.
Tel succombe au sommeil
  Qui l'opprime ;
Mais à son réveil
  Se ranime

Le puissant lion
Fier de sa force et de son nom.

Anges, applaudissez,
Chantez triomphe, chantez
Mortels, élevez la voix,
Dites triomphe au roi des rois.
　Il ravit à la mort
　　Ses victimes,
　Dépouille le fort
　　Des abîmes,
　L'enchaîne à son char.
La croix devient son étendard.

Oui, douce vérité,
Jésus est ressuscité.
Il prend pour sceptre la croix
Qui doit tout soumettre à ses lois.
　En sortant du tombeau,
　　Sa doctrine
　De Dieu prend le sceau,
　　Est divine,
　Commande la foi
Et devient la suprême loi.

Au char du Dieu vainqueur
Enchaînons tous notre cœur.
Soumettons-nous à ses lois :
Avec honneur portons la croix.
　Oh! si nous remportons
　　La victoire,
　Dieu ceindra nos fronts
　　De la gloire ;
　Unis à Jésus,
Nous vivrons et ne mourrons plus.

DIMANCHE DANS L'OCTAVE DE LA RÉSURRECTION DE N.-S. J.-C.

Rémission des Péchés.

Air *de la Marche des Gardes françaises.*

« Recevez de ma puissance,
« Par l'Esprit-Saint, le pouvoir
« De remettre toute offense,
« De rendre au pécheur l'espoir.
« De l'esclavage
« Affranchissez l'univers.
« De l'homme brisez les fers
« Et rendez-lui son héritage. »

TOUS ENSEMBLE :

Don de clémence,
Du prêtre sacré pouvoir,
Tu rends au pécheur l'espoir
En lui rendant son innocence.

Lorsque l'onde salutaire
Baigna nos coupables fronts,
Dieu, devenu notre père,
Nous enrichit de ses dons.
De l'innocence
La robe brilla sur nous,
Avons-nous conservé tous
Ce bel ornement de l'enfance ?

TOUS ENSEMBLE :

Don de clémence, etc.

Hélas ! de quelle souillure
Nous avons terni l'éclat
De cette riche parure
Dont l'Esprit-Saint nous orna !
 Notre partage
Est un éternel malheur !...
Mais non, le prêtre au pécheur
Rendra le céleste héritage.

TOUS ENSEMBLE :

Don de clémence, etc.

Comme une lèpre hideuse,
Le péché souille mon sang,
Lèpre cent fois plus honteuse
Que celle de Naaman.
 Si l'onde pure
Du Jourdain put le guérir,
Dans les pleurs du repentir
Le prêtre efface ma souillure.

TOUS ENSEMBLE :

Don de clémence, etc.

Grand Dieu, que ta providence
Est tendre dans tous ses soins !
Grande comme ta puissance
Elle prévint mes besoins.
 De mon naufrage
Elle a prévu le malheur ;
Et je retrouve un sauveur
Qui sait me conduire au rivage.

TOUS ENSEMBLE :

Don de clémence, etc.

Emporté par le délire,
Je fuis le joug de la foi,
Je méconnus ton empire,
Je bravai ta sainte loi.
   L'ingratitude
Multiplia mes forfaits;
Mais vaincu par tes bienfaits
Je bénis ta sollicitude.

    TOUS ENSEMBLE :

  Don de clémence, etc.

Les morts après vingt années
Sortent-ils de leur tombeau ?
Non, sur leurs cendres foulées
Se creuse un tombeau nouveau.
   Mais de l'abîme
De la plus affreuse mort
Mon âme s'élance et sort...
Le prêtre anéantit mon crime.

    TOUS ENSEMBLE :

  Don de clémence, etc.

Du péché triste victime,
Je gémissais sous ses lois.
Mais du sein de mon abîme
Vers Dieu j'élevai la voix.
   « Je te pardonne »,
Me dit le prêtre en son nom;
« A ton repentir Sion
« Prépare une riche couronne. »

    TOUS ENSEMBLE :

  Don de clémence, etc.

Quelle admirable puissance
Tu reçus du Dieu d'amour!
Prêtre cher à mon enfance,
Prends soin de mon dernier jour.
  De ton empire
J'implore le doux secours,
Et je redirai toujours,
Soit que je vive ou que j'expire :

TOUS ENSEMBLE :

Don de clémence,
Du prêtre sacré pouvoir,
Tu rends au pécheur l'espoir
En lui rendant son innocence.

DEUXIÈME DIMANCHE APRÈS PAQUES.

Sur la Persévérance.

Air nouveau.

Jésus me demande mon cœur,
Au nom de son amour suprême.
Comment refuser mon sauveur?
Il m'aima le premier lui-même.
Oui, c'en est fait, je le jure en ce jour :
A jamais je suis au Dieu d'amour.
Oui, c'en est fait, nous le jurons en ce beau jour :
Jusques à la mort nous serons tous au Dieu d'amour.

Trop long-temps aux vœux de mon Dieu
Mon cœur, hélas! fut insensible;

Mais en ce jour un trait de feu
Atteint mon âme inaccessible.
Oui, c'en est fait, etc.

En vain le monde et le plaisir
Comptent toujours sur ma faiblesse ;
Je ne pourrais à l'avenir
Me rendre à leur feinte caresse.
Oui, etc.

Je le sais, le démon confus
Ecume contre moi de rage ;
Mais avec moi combat Jésus,
Il ranimera mon courage.
Oui, etc.

Encor qu'un triste souvenir
Me rappelle mon inconstance,
Je serai ferme à l'avenir :
Dieu me soutient de sa puissance.
Oui, etc.

Non, sans mon Dieu, je ne puis rien.
Mon cœur en fait l'aveu sincère ;
Mais Jésus sera mon soutien,
Il le promet à ma prière.
Oui, etc.

Présage d'un danger nouveau,
Je vois se former un nuage.
Mon Dieu, protège le roseau,
Contre la fureur de l'orage.
Oui, etc.

On a vu le cèdre tomber ;
De l'orgueil tel est le partage ;

Mais l'humble roseau sait plier,
Et laisse ainsi passer l'orage.
Oui, etc.

Bien loin d'affronter le danger,
Bien loin de croire à ma constance :
Craindre, fuir, veiller et prier,
Voilà ma règle et ma défense.
Oui, etc.

O pain des forts, sois mon soutien;
En toi j'ai mis mon espérance.
Sans toi, si l'homme ne peut rien,
Avec toi, c'est une puissance.
Oui, etc.

Si nous avons quelques vertus,
C'est ta grace qui nous les donne,
Grand Dieu; tu fais de tes élus
Et le mérite et la couronne.
Oui, etc.

POUR LE MOIS DE MARIE OU DE MAI.

AIR : *Jadis règnait en Normandie, etc.*

J'arrive au printemps de la vie,
Que j'ai besoin de ton secours !
Si jusqu'alors, douce Marie,
Tu daignas veiller sur mes jours,
Que ta salutaire influence
Plus que jamais guide mon cœur.
O Vierge, ma douce espérance,
(Oui, j'attends de toi *bis*) mon bonheur.

(De ton enfant *bis*), ô bonne mère,
(Daigne écouter *bis*) les tendres vœux.
(Ah! sois pour moi *bis*) cette lumière
(Qui sauva tant *bis*) de malheureux (4).

Quand le printemps de sa parure
Eblouit les yeux des mortels,
J'emprunte à sa vive verdure
Des guirlandes pour tes autels.
Mais si dans ses fleurs enchantées
Il dresse un piège séducteur :
Hélas! le printemps des années
(N'a-t-il jamais *bis*) été trompeur?...
De ton enfant, etc.

Du plaisir la coupe enchantée
Toujours cache un poison mortel ;
Vierge, je mets ma destinée
A l'abri de ton saint autel.
Tel qui crut, au printemps de l'âge,
Trouver, loin de Dieu, le bonheur,
Eut toujours, hélas ! en partage,
(Le repentir *bis*) et la douleur.
De ton enfant, etc.

Il me faut des dangers du monde
Essayer le triste destin ;
Que ta lumière me seconde,
Vierge, conduis-moi par la main.
Pour toi l'avenir est sans voile,
La nuit claire comme le jour.
A mes yeux brille, douce étoile,
(Guide mes pas *bis*) dans ce séjour.
De ton enfant, etc.

Au sein des dangers de la vie
Il faut naître, croître, mourir !

Mon cœur s'abat, tendre Marie,
Dans la crainte de l'avenir.
Du pécheur consolant refuge,
Vierge, prends pitié de mon sort.
Ah! fléchis maintenant mon juge,
(Rassure-moi *bis*) contre la mort.
De ton enfant, etc.

Révélation ou Invention de la Sainte-Croix.

Air à volonté.

Tout s'agite dans l'univers :
Sous la bêche gémit la terre,
Les vaisseaux sillonnent les mers ;
Il n'est plus de rive étrangère.
Que va donc chercher le vaisseau
A travers les dangers de l'onde,
Et la bêche près du tombeau
Des puissants, des riches du monde?

De l'or!..... c'est le prix incertain
Que cherche l'homme en son délire.
C'est pour l'or, sur un sol lointain
Qu'il se jette et souvent expire.
Oui, l'homme, pour trouver de l'or,
Tourmente le sein de la terre;
Et nul ne pense au beau trésor
Caché dans les flancs du calvaire!!

Sur la cime du Golgotha
Siffle le pâtre solitaire...
C'est là que Jésus s'immola
A la justice de son père.

Et la croix teinte de son sang
Gît encor confuse et sans gloire!
De ce glaive à jamais puissant
A-t-on oublié la victoire?

Si l'eau vive du diamant
S'oublie et dort sous la poussière;
Sous l'éclat d'un rayon brillant
Elle est un foyer de lumière.
De la terre tirez la croix,
Chrétiens qui chantez sa victoire;
Tous les diadêmes des rois
Ne sauraient égaler sa gloire.

C'est Dieu qui vous presse, partez,
Hâtez-vous, vertueuse reine ;
Allez au Golgotha, montrez.....
Dieu dirige le doigt d'Hélène.
C'est là.... creusez.... Salut, ô croix !
Sors de ta longue ignominie :
Fais, par la vertu de ton bois,
Connaître l'arbre de vie.

De l'obscurité de ton sort
Le ciel va venger ta mémoire.
Vainqueur des enfers, de la mort,
Jésus t'associe à sa gloire.
Comme lui, trompe le tombeau,
Touche ce mort et le ranime.
Prouve toi la croix de l'agneau,
Ravis à la mort sa victime,

Nouveau Lazare, levez-vous
Touché de ce bois salutaire.
Vainqueur de la mort, avec nous
Dites gloire au Dieu du calvaire.

Le voici ce précieux bois !...
Qui pourrait en douter encore ?
De la mort il frustre les droits,
Par le sang du Dieu que j'adore.

Un jour de ce bois glorieux
Le sujet et son roi fidelle,
Sous les diamants précieux
Renfermeront une parcelle.
La croix des plus grands souverains
Dominera le diadême,
Au nom de Jésus, des humains
Recevant un honneur suprême.

Vive Jésus ! vive sa croix !
En lui j'ai mis mon espérance.
A son honneur j'unis le bois,
Instrument de ma délivrance.
Ainsi, je sens battre mon cœur
Et brûler mon âme ravie,
A l'aspect du glaive vainqueur
Qui sut délivrer ma patrie.

TROISIÈME DIMANCHE APRÈS PAQUES.

Sur l'Obéissance.

AIR : *Vierge sainte, rose vermeille, etc.*

L'orgueil en vain de tout empire
Prétend affranchir l'univers
Et regarde dans son délire
L'obéissance pour des fers.

Dès le premier soleil du monde,
Des êtres Dieu fixant le sort;
Dit aux cieux, à la terre, à l'onde :
　　Obéissance ou mort *(bis)*.

Ce joug que la Toute-Puissance
Fixa de ses divines mains,
Quelle autre que l'extravagance
Veut le briser pour les humains?
Malheur au peuple que fatigue
La nécessité de ce sort!
Un nouveau pouvoir lui prodigue
　　Et désespoir et mort *(bis)*.

Oui, malheur au peuple rebelle,
Au destin natal du pouvoir.
C'est une imposture cruelle
Qui le berce d'un fol espoir.
Toujours trompé dans son attente,
Il fait plus pénible son sort,
Courbant son audace imprudente
　　Sous les fers ou la mort. *(bis)*.

Obéir, c'est la loi suprême,
La loi de la nécessité.
Toi, pouvoir, obéis toi-même
Aux lois de la divinité.
Obéis, sois toujours fidèle
A Dieu, l'arbitre de ton sort.
Il envoie au pouvoir rebelle
　　Les fléaux et la mort. *(bis)*.

Au nom de sa Toute-Puissance,
Au nom de sa divinité,
Jésus prêche l'obéissance
En nous donnant la liberté :

« Mortels, que le Dieu du tonnerre,
« Par moi délivre de la mort,
« Soumis aux pouvoirs de la terre,
 « Bénissez votre sort » bis).

Tandis que le peuple sommeille
Auprès du prix de ses travaux,
Le pouvoir prend le glaive et veille
A son bonheur, à son repos.
De notre foi dépositaire
Il s'alarme sur notre sort.
Le pouvoir, c'est un tendre père,
 Et je voudrais sa mort!!! (bis)

A l'abri du pouvoir s'élèvent
Et les talents et les vertus.
Pour lui tous les chrétiens se lèvent
Instruits des leçons de Jésus.
Honneur au pouvoir tutélaire
Qui veille à ma vie, à ma mort!
Sur lui, comme sur une mère,
 L'homme meurt et s'endort (bis).

QUATRIÈME DIMANCHE APRÈS PAQUES.

Sur le Saint-Esprit et ses Dons.

AIR : *Du fonds de vos forêts, etc.*

O Dieu de sainteté, de force, de science,
Renouvelez la terre, Esprit-Saint-Créateur (bis).
O Dieu, etc.

>   Descendez dans mon cœur
>   Et recréez mon innocence.
> O Dieu, etc.
>   En moi dès ma première aurore
>   Vous avez détruit le péché.
>   Toujours je vous implore,
>   Esprit de sainteté.
> O Dieu, etc.

Rien ne peut égaler le don de la sagesse.
Le sage la préfère au diadême, à l'or (*bis*).
Rien, etc.
>   De ce rare trésor
>   Le roi sage parlait sans cesse.
> Rien, etc.
>   Sans vous, il n'est point de vrai sage.
>   Sans vous, notre espoir est trompé.
>   Sans vous, l'homme à tout âge
>   N'est qu'une vanité.
> Rien, etc.

Sans l'amour du Seigneur, l'homme est une chimère.
Ses travaux, sa sagesse une inutilité (*bis*).
Sans l'amour, etc.
>   Venez, ô feu sacré;
>   Mon cœur est votre sanctuaire.
> Sans l'amour, etc.
>   Du Seigneur quand la voix m'appelle,
>   Quand l'église parle à ma foi,
>   Remplissez-moi de zèle
>   Pour cette double loi.
> Sans l'amour, etc.

L'apôtre avec mépris réprouve l'ignorance.
Renonce aux plus beaux droits qui renonce au savoir (*bis*).
L'apôtre, etc.

>
Mais, sans votre pouvoir,
Arriverai-je à la science?
L'apôtre, etc.
Sans vous la science s'égare
Et se consume en vains travaux.
Sans vous, elle sépare
L'arbre de ses rameaux.
L'apôtre, etc.

L'apôtre n'a connu qu'une seule science.
Sans elle autre science est un chétif savoir (*bis*).
L'apôtre, etc.
Elle est tout notre espoir,
Donnez-nous cette connaissance.
L'apôtre, etc.
Beauté de Dieu toujours nouvelle,
Jésus sur la croix étendu,
Vous donnez au fidelle
Et science et vertu.
L'apôtre, etc.

A l'homme le Seigneur a soumis la nature,
Et son intelligence approuve cet honneur (*bis*).
A l'homme, etc.
Esprit-Saint de mon cœur
Chassez l'intelligence impure.
A l'homme, etc.
L'étude de la créature
Souvent séduit nos faibles cœurs;
Avec vous elle est pure,
A l'abri des erreurs.
A l'homme, etc.

Se diriger soi-même est folie imprudence.
Il nous faut à tout âge un sage conseiller (*bis*).
Se diriger, etc.

Qui pourrait me guider?
Vous seule, ô divine prudence.
Se diriger, etc.
Hélas! au mortel qu'il en coûte,
Quand il ne sait vous invoquer!
Il va de doute en doute,
De danger en danger.
Se diriger, etc.

Sans vous, si mon esprit s'égare en sa pensée,
Pourrais-je, sans me perdre, écouter son conseil (*bis*).
Sans vous, etc.
Ma vie est un sommeil,
Et ma prudence une fumée.
Sans vous, etc.
Mais avec vous, Dieu de lumière,
On n'est plus jouet de l'erreur.
Votre conseil éclaire
Et l'esprit et le cœur.
Sans vous, etc.

L'aimable piété, bonheur de cette vie,
Seule donne le titre à l'immortalité. (*bis*).
L'aimable, etc.
O douce piété
Viens dans mon cœur, je t'en supplie.
L'aimable, etc.
Sans toi, le plaisir est sans charme;
Sans toi, le bonheur n'est qu'un nom;
Mais avec toi, les larmes
Sont perles de Sion.
L'aimable, etc.

Des ennemis ligués toujours me font la guerre.
Avec l'enfer, le monde, avec moi je combats (*bis*).
Des ennemis, etc.

Le danger à tout pas
Pour moi surgit de cette terre.
Des ennemis, etc.
 Esprit, ranimez mon courage ;
 Paraissez, l'ennemi s'enfuit.
  Il dévore sa rage ;
  Mais en vain il frémit.
Des ennemis, etc.

O crainte du Seigneur, source de la sagesse,
Inspirez à mon âme une sainte terreur (*bis*).
O crainte, etc.
  La crainte du Seigneur
 De mon cœur soutient la faiblesse.
O crainte, etc.
 Donnez-moi l'amour et la crainte,
 Esprit-Saint, auteur de tout don,
  Et dans la cité sainte
  Je louerai votre nom.
O crainte, etc.

CINQUIÈME DIMANCHE APRÈS PAQUES.

Sur la Prière.

AIR : *Tu nous quittas, etc.*

Elève-toi vers les cieux, ô mon âme,
Elève-toi sur l'aile de l'espoir ;
Si de l'amour le feu sacré t'enflamme,
Tu soumettras Dieu même à ton pouvoir.

Oui, va, va, puissante prière ;
Parler au cœur de la Divinité ;
Va reposer au sein d'un père,
   Au sein d'un père
     Toujours riche en bonté.

Va, si tu veux triste philosophie,
Va te briser à la fatalité.
Ce Dieu de fer, désespoir de la vie,
Anéantit toute félicité.
   Mais toi, va, puissante prière,
Parler, etc.

Fatalité !.. quel horrible blasphème !
Ah ! quel outrage envers le créateur !
En me créant, il m'eut dit anathème !!!
Il m'eut jeté, sans espoir au malheur !!!
   Non, va, va, puissante prière,
Parler, etc.

Non, non ! j'entends le fils de Dieu lui-même :
Il vient des cieux, pour m'apprendre à prier.
Il me promet que, si mon âme l'aime,
Toujours son père est prêt à m'exaucer.
   Oui, va, va, puissante prière,
Parler, etc.

Il faut prier : c'est le décret suprême ;
Il faut prier, pour trouver le bonheur.
Il faut prier : oh ! c'est le moyen même
De vaincre Dieu, de vaincre le malheur.
   Oui, va, va, puissante prière,
Parler, etc.

Tu périras, Israël téméraire ;
La mort déjà contemple sa moisson.

Tu périras ! mais non, par sa prière,
Moïse obtient ton insigne pardon.
   Oui, va, va, puissante prière,
Parler, etc.

Dans les dangers, au milieu des alarmes
Que nous suscite un cruel ennemi,
Il faut prier : oui, ce sont là nos armes ;
Il faut prier, et le jour, et la nuit.
   Oui, va, va, puissante prière,
Parler, etc.

Loin du pécheur tu retiens la vengeance,
Un Dieu se rend toujours à ton pouvoir.
Douce prière, à la persévérance
Tu garantis le plus solide espoir.
   Oui, va, va, puissante prière,
Parler au cœur de la Divinité ;
   Va reposer au sein d'un père,
     Au sein d'un père
   Toujours riche en bonté.

Ascension du Seigneur.

AIR : *De tes enfants reçois l'hommage, etc.*

Tout est consommé sur la terre
Pour mon salut, ô Dieu sauveur !
Retourne, retourne à ton père
Couronné du laurier vainqueur.
Tu me sauvas sur le calvaire ;
Tu me rendis la liberté,
Et des cieux et du sanctuaire
A l'homme tu remets la clé (*bis*).

Ouvrez, ouvrez les portes éternelles,
Princes des cieux, de vos doigts radieux.
O Séraphins, plus vite que vos aîles,
Jésus s'élève (aujourd'hui vers les cieux *bis*).

  Il a traversé les alarmes,
  Il a bu l'onde du torrent.
  De son sang s'il baigna ses armes,
  Il a vaincu le fier tyran.
  Aussi porte-t-il haut la tête ;
  Vainqueur du monde et des enfers,
  Il promène sur sa conquête
    Ses regards du sommet des airs (*bis*).
Ouvrez, etc.

  Il fend le timide nuage
  Surpris de cet essor nouveau.
  L'air glorieux de son passage
  Brille de l'éclat le plus beau.
  Volant vers la ville éternelle
  Il trace un lumineux sillon.
  C'est du même feu qu'étincelle
    Le cristal des murs de Sion (*bis*).
Ouvrez, etc.

  Ainsi du rocher solitaire,
  Berceau du fruit de son amour,
  L'aigle s'échappant de son aîre
  S'élève à l'aspect d'un beau jour.
  De ses petits fixant la vue
  Sur eux, passe, repasse encor,
  Et planant long-temps sous la nue,
    Provoque leur premier essor (*bis*).
Ouvrez, etc.

Vers les demeures éternelles,
Jésus, comme le roi des airs,

S'élève sans secours, sans ailes,
Et domine tout l'univers.
Il fraye aujourd'hui le passage
Pour l'homme au céleste séjour.
Il nous précède à l'héritage
Que nous a conquis son amour (*bis*).
Ouvrez, etc.

Mais, s'il lui fallut des souffrances
Toujours être victorieux,
Et des infernales puissances
Briser les efforts furieux ;
Ce n'est qu'en suivant ses vestiges
Au chemin royal de la croix,
Malgré le monde et ses prestiges,
Qu'au ciel nous acquerrons des droits (*bis*).
Ouvrez, etc.

Quand de l'exil de cette vie
Verrai-je terminer le cours ?
Quand en la céleste patrie
Verrai-je Jésus, mes amours ?
Serai-je témoin de la gloire
Qui le couronne dans les cieux ?
Le spectacle de sa victoire
Frappera-t-il jamais mes yeux ?
O Dieu d'amour, l'enfer nous fait la guerre.
Ah ! secourez vos faibles orphelins.
Puissions-nous être, en quittant cette terre,
Témoins heureux (de vos honneurs divins ! *bis*).

DIMANCHE DANS L'OCTAVE DE L'ASCENSION.

Zèle pour la défense des intérêts de Dieu.

AIR *à volonté.*

Brûlons tous d'un saint zèle
Pour le nom du Seigneur,
Confondons l'infidelle,
Le prévaricateur.
Servons avec courage
Le Seigneur des vertus.
Rendons tous témoignage
A la foi de Jésus.

Le chrétien doit au vice
Opposer ses vertus.
Les œuvres de justice
Sont le sceau des élus.
Il doit, pour la défense
Des intérêts du ciel,
Confondre l'impudence
De l'orgueilleux mortel.

Dut-il de son délire
Provoquer la fureur,
Il doit avec empire
Attaquer son erreur.
Il doit de la licence
Faire le désespoir,
Et réduire au silence
Le dangereux savoir.

Descends, céleste flamme,
Viens embrâser mon cœur.

Oui, viens brûler mon âme
De la plus vive ardeur.
Ah! pourrais-je me taire
Respirant l'air fatal,
L'encens et la prière
Des prêtres de Baal?

Glaive d'Elie immole,
Glaive vengeur des cieux,
Erreur, scandale, idole
Et prêtres des faux-dieux.
Du mélange adultère
Du culte de Baal,
Sauve le sanctuaire
De ton Dieu sans égal.

Serviteur infidelle
Au fils de l'Eternel
D'une idole nouvelle
Souffrirais-je l'autel.
La foi du Capitole
Renversa les faux Dieux,
Et près de moi l'idole
Rentrerait dans ses vœux.

Insensible à l'outrage
De la divine loi,
Je verrais du jeune age
Empoisonner la foi !
Et du saint évangile
Emprunté par l'erreur,
Au mensonge facile
Prostituer l'honneur !

Non! en vain l'hérésie
L'accommode à son choix.

A ce livre de vie
Elle n'a plus de droits.
De sa vertu divine
Elle fait un poison :
L'enfant qu'elle endoctrine
Périt sur son giron.

Triste philosophie,
Ton jugement fatal
Au dogme de la vie
Joint le dogme infernal.
Au nom de la prudence
L'on protège l'erreur,
Et par la tolérance
Le prévaricateur.

Qu'en la même patrie
Plantent leur pavillon
L'orgueilleuse hérésie
Et le Dieu de Sion!
Malheur à la prudence
Qui fait l'honneur égal
Et prête la puissance
A Dieu comme à Baal.

Ainsi sage, Tibère
Voulait unir entr'eux
Et le Dieu du Calvaire
Et ses infâmes dieux.
Notre philosophie
Avec facilité
Sous sa tente associé
Erreur et vérité.

« Si tu m'es infidelle,
« Disciple de ma foi,

» Je t'ôterai mon zèle
« En m'éloignant de toi.
» Déjà l'indifférence
« Sur tes devoirs t'endort;
« Redoute ma vengeance
« Ah! redoute la mort. »

PENTECOTE.

Invocation au Saint-Esprit.

Air : *Sous les murs du château d'Elvire.*

Venez, Esprit-Saint, à la terre
Enseigner toute vérité.
Venez du maître du tonnerre
Nous apprendre la volonté.
Plus que jamais au sein de l'ombre
Les mortels sont ensevelis.
Venez dissiper la nuit sombre } bis.
Qui se répand dans les esprits.

Dites-nous, sage sentinelle;
A quel point est-on de la nuit?
Gardien de la ville éternelle,
Est-ce bientôt le jour qui luit?
Pourquoi ces nouvelles ténèbres
Qui s'étendent sur l'univers?
Malheur! ah! ces ombres funèbres } bis.
S'élèvent du puits des enfers.

J'ai vu de viles sauterelles
Vibrant la fureur de leurs dards,

De Sion, sous leurs sombres aîles,
Couvrir les tours et les remparts.
J'ai vu la perfide doctrine
Sortir du burin de l'orgueil,
Et, se donnant comme divine, } bis.
De la foi préparer l'écueil.

Grand Dieu, de l'éternelle chaire
Faites jaillir le doux rayon
Qui toujours de ses feux éclaire
Les tendres enfants de Sion.
Souvenez-vous de la promesse
Que lui fit le seigneur Jésus ;
Jusqu'à la fin par sa sagesse } bis.
Les enfers seront confondus.

Entendez notre humble prière,
Esprit-Saint, approche le soir.
Par votre divine lumière
Dissipez le nuage noir.
Flambeau de l'épouse chérie,
Eternel phare de Sion,
Foyer de lumière et de vie, } bis.
De la foi sauvez-nous le don.

Gardien de la saine doctrine,
Oracle de la vérité,
C'est à votre grâce divine
Que l'homme doit la sainteté.
Une vaine philosophie
Sur nous veut enter ses vertus.
Tout dans ses leçons est folie, } bis.
Et ses efforts sont superflus.

De vous seul nous vient la justice.
A vous seul tous les dons parfaits.

Sans vous tout l'homme cède au vice,
Oui, nos vertus sont vos bienfaits.
Vous seul aux sources de la vie
Pouvez régénérer nos cœurs,
Et guider notre âme enrichie } *bis.*
De vos plus insignes faveurs.

Sans vous, la sagesse est folie
Et la science un triste écueil.
Sans vous, comme un roseau je plie,
Ou me brise comme l'orgueil.
Mais avec vous, mon espérance
Reste ferme comme un rocher.
Avec vous, toujours l'innocence } *bis.*
Sort triomphante du danger.

Esprit-Saint soyez ma lumière,
Mon fidelle consolateur;
Mon cœur est votre sanctuaire;
Qu'il brûle d'une sainte ardeur.
Dieu fort, donnez-moi la victoire
Sur le vice et sur le démon.
Un jour je dirai votre gloire } *bis.*
Avec les heureux de Sion.

9*

Partie d'Été.

SAINTE-TRINITÉ.

Air : *Père de l'univers, etc.*

Auguste Trinité, mystère impénétrable,
En vain je sonderais ta sainte majesté.
L'œil ne peut supporter le rayon formidable
    Du soleil de l'éternité *(bis)*.

Lorsque du plus haut point de sa vaste carrière
L'astre du jour sur moi darde ses plus beaux feux ;
Oserais-je, imprudent ! sur sa vive lumière,
    Fixer l'audace de mes yeux ? *(bis)*.

Et, du sein d'où jaillit la lumière éternelle,
Je voudrais de mes yeux sonder la profondeur ?
Malheur ! trois fois malheur à la raison mortelle
    Qui braverait tant de splendeur ! *(bis)*.

Par sa force aveuglée, imprudente victime,
Elle irait s'égarant et jouet de l'erreur,
Heurter à tout écueil et tomber dans l'abîme.
    Tremblez, imprudent scrutateur *(bis)*.

Souffrons, souffrons, mortels le voile du mystère
Dont la Divinité se couvre même aux cieux.
N'allons pas affronter la trop vive lumière
    Dont l'éclat forcerait nos yeux *(bis)*.

Qu'il suffise à la foi d'entendre la parole
Qui révèle aux mortels l'auguste Trinité.
C'est un Dieu qui nous parle : allons à son école:
    C'est la vie et la vérité (*bis*).

Unité de substance, égalité de gloire,
Substance indivisible, éternelle union.
Trois personnes, trois noms, un Dieu; sachons le croire
    Sans interroger la raison (*bis*).

L'auguste Trinité créa tout par le père;
Par le fils, homme-Dieu, nous sauva des enfers;
Et par le Saint-Esprit qui toujours nous éclaire,
    Inspire et change l'univers (*bis*).

Libre, fécond, et seul principe nécessaire,
Le père engendre un fils de toute éternité.
De toute éternité, du fils comme du père
    Procède l'Esprit incréé (*bis*).

Amour, reconnaissance à tes bienfaits, Dieu-Père.
Amour, reconnaissance à ton fils bien-aimé.
Même amour, mêmes droits à l'Esprit de lumière.
    Gloire, amour à la Trinité! (*bis*).

FÊTE DU SAINT-SACREMENT.

Présence Réelle.

AIR : *Célébrons la victoire, etc.*

Le fils de Dieu le jure!
Et qui pourrait douter,

Maître de la nature
Qu'il ait pu nous tromper? (*bis*).
La sainte Eucharistie,
O prodige puissant !
Reproduit plein de vie
Et son corps et son sang.
Bénissons de Jésus l'amour et la mémoire.
Vengeons de son amour le plus beau monument.
De la foi sur les sens célébrons la victoire.
Chantons gloire à Jésus, au très-Saint-Sacrement (*bis*).

    Oui, reproduis, immole,
    Et son corps par le pain,
    O divine parole,
    Et son sang par le vin (*bis*).
    Pouvoir plus qu'angélique,
    Prêtre, du roi des rois,
    Par une mort mystique,
    Tu rappelles la croix.
Bénissons, etc.

    Jésus, ô pain de vie,
    Que cachent à mes yeux
    Les modes de l'hostie,
    Voiles mystérieux (*bis*),
    Plein de foi, je t'adore,
    Homme-Dieu *recréé* :
    Au lever de l'aurore
    Je redis ta bonté.
Bénissons, etc.

    Jamais d'un tendre père,
    Non, jamais, nul enfant
    Ne reçut sur la terre
    Un plus beau testament (*bis*).
    Quel plus bel héritage
    Pouvais-tu nous léguer

Que toi, Dieu de tout âge?
Comment ne pas t'aimer?
Bénissons, etc.

Si l'enfant à sa mère
Paye un juste retour;
Chrétiens, du meilleur père
Reconnaissons l'amour (*bis*).
Tuteur de l'innocence,
Ce Dieu par son pouvoir
Nourrit de sa substance
Notre âme et notre espoir.
Bénissons, etc.

Plus heureux que les anges
Je bénis ton amour,
Je redis tes louanges,
O Jésus, nuit et jour (*bis*).
Viens à ma dernière heure
Reposer sur mon cœur.
Au ciel, à ta demeure
Conduis-moi, doux Sauveur!!!
Bénissons, etc.

DIMANCHE DANS L'OCTAVE DU SAINT-SACREMENT, DEUXIÈME APRÈS LA PENTECOTE.

Sur l'Indifférence envers le Saint-Sacrement.

AIR : *Tu nous quittas, etc.*

Ici, tout près de mon humble chaumière,
Sous un vieux temple où l'airain retentit,

Une voix tendre au fonds du sanctuaire,
Avec langueur soupire jour et nuit.
   Venez, écoutons cette plainte,
Osons entrer dans ce pieux séjour.
Mon cœur palpite... Est-ce de crainte?
     Est-ce de crainte?
   Oui... c'est le Dieu d'amour.

C'est lui qui parle : ah! que pouvoir attendre
De cette voix qui me saisit le cœur?
Juste reproche, ah! je viens vous entendre.
Je braverai votre sainte terreur.
   Venez, etc.

« Fils trop aimé, nuit et jour je t'appelle
« De tous mes vœux et de tous mes désirs.
« A mes douceurs ta mémoire infidelle
« De mon amour méprise les soupirs.
   Venez, etc.

« Quand de ton cœur tu m'offris les prémices,
« Je t'énivrai du plaisir le plus doux.
« Tu fis toujours mes plus chères délices;
« Reviens, mon fils, reviens à mes genoux.
   Venez, etc.

« Là, près de toi, la flamme la plus pure
« Brûle le cœur des célestes esprits.
« Et toi, près d'eux, des pierres la plus dure,
« De mon amour tu ne peux être épris!
   Venez, etc.

« Tu me quittas !.. une vaine parure
« Charma tes yeux et séduisit ton cœur.
« Qu'as-tu trouvé près de la créature?
« Fantôme, erreur; mais jamais le bonheur!
   Venez, etc.

« Reviens, reviens à l'ombre de mes ailes.
« Sur toi mon cœur versera nuit et jour
« Les plaisirs purs, les douceurs immortelles.
« On n'est heureux qu'avec mon seul amour. »
   Venez, etc.

Oui, c'en est fait ! fuis, ô vaine chimère
Qui m'égaras sous le nom du bonheur.
Près de mon Dieu, près de ce sanctuaire,
Je veux d'amour voir consumer mon cœur.
   Allons, entrons dans cette enceinte.
   Osons entrer dans ce pieux séjour.
   Entrons, entrons, ah ! plus de crainte,
      Non, plus de crainte.
   Je suis au Dieu d'amour.

Sur le Sacerdoce.

Air du Chant du Départ.

Le fils de l'Eternel, Jésus, prêtre et victime,
   Et sur l'autel et sur la croix,
De son pouvoir sacré qui sauve de l'abîme,
   Au prêtre confia les droits.
   Il peut nous rendre Dieu propice
   Et nous sauver du désespoir.
   De Dieu l'éternelle justice
   Reconnaît son divin pouvoir.

LE CHŒUR :

Respect, honneur, amour et gloire
   A cet autre médiateur ;
De Jésus vivante mémoire,   } *bis.*
Il est, après lui, mon sauveur.

Comme le roi des airs s'élève sur ses ailes
    Et plane sur tout l'univers ;
Tel le prêtre, au-dessus des puissances mortelles,
    Seul des rois peut briser les fers.
        A ses pieds tremblant Théodore
        Des cieux implore le pardon :
        A l'interdit d'Ambroise il n'ose
        Franchir les portes de Sion.
        Respect, etc.

Pâlissez, pâlissez, terrestre diadème,
    Près du prêtre du roi des rois.
Rois, de sa dignité la puissance suprême
    Au ciel peut vous rendre vos droits.
        En vain votre âme serait fière
        Des honneurs de votre maison ;
        Comme nous, faiblesse et poussière,
        Vous avez besoin de pardon.
        Respect, etc.

J'entends du moribond au milieu des ténèbres
    Percer le râle déchirant.
A travers l'avenir et ses voiles funèbres
    Il voit venir le Tout-Puissant.
        Désespéré par la vengeance,
        Il s'agitait..... Mais à ses yeux
        Paraît le prêtre et l'espérance.
        Il ose regarder les cieux.
        Respect, etc.

Il est tombé !!! pleurons le puissant Machabée,
    Sauveur du peuple d'Israël.
Toujours à la victoire il conduisait l'armée
    Du peuple cher à l'Eternel...
        Tout Israël verse des larmes,
        Abattu près de son cercueil.

De ses pleurs il baigne ses armes.
Quel grand et quel lugubre deuil !
Respect, etc.

Il est tombé !!! pleurez, anges du sanctuaire,
L'homme de Dieu ! pleurez, mortels.
Comment l'éclat de l'or et sa vive lumière
Ont-ils changé sur les autels ?
O cieux, quel sinistre prodige !
Pleurez, peuple sur ce malheur.
Se pourrait-il que le vertige
Insultât à votre douleur ?
Respect, etc.

Les vagues en courroux rejettent sur la rive
D'un vaisseau les tristes débris.
J'entends du sein des flots la victime plaintive,
Et je m'élance vers ses cris.
Hélas ! victime du courage,
Englouti par l'onde en fureur,
Je meurs !... Témoin de mon naufrage,
Quelqu'un insulte à mon malheur !
Respect, etc.

Tel guidé par l'amour, courant la mer du monde,
Le prêtre tend aux naufragés
Sa main et son secours. Mais, si vaincu par l'onde,
Il cède à ses flots irrités ;
Le seul enfer, le seul impie
Pourront insulter à son sort.
Vous, de son malheur attendrie,
O pitié, pleurez sa mort !
Respect, etc.

« J'élèverai pour toi mes bras et ma prière
« Vers le trône de l'Eternel,

« Et l'ennemi cédant à ton ardeur guerrière
  « Fuira le glaive d'Israël.
  « De lassitude et de faiblesse
  « Si je sens mes bras défaillir,
  « Qu'Aaron, que mon frère s'empresse
  « De m'aider, de me soutenir. »
  Respect, etc.

Oui, peuple, jour et nuit pour le *Dieu de la terre*,
  Au Seigneur adressez des vœux.
C'est lui qui de vos fronts détourne le tonnerre.
  C'est lui qui vous ouvre les cieux.
  De votre commune victoire
  Avec lui partageant l'honneur,
  Un jour au milieu de la gloire
  Vous redirez avec bonheur :
  Respect, etc.

TROISIÈME DIMANCHE APRÈS LA PENTECOTE.

Sur la Miséricorde de Dieu.

AIR : *Comment goûter quelque repos, etc.*

Pécheurs, vous vous lassez en vain
A suivre le monde et le vice.
Ignorez-vous le précipice
Que creuse le courroux divin ?
Vous qui dans le chemin du crime
Vous hâtez à pas de géant,
Craignez qu'enfin le Dieu clément
Fatigué n'entr'ouvre l'abîme (*bis*).

Mais loin de vous du désespoir
L'injuste et funeste délire !
De regret quand le cœur soupire
Dieu du pardon fait son pouvoir.
Oui, son inflexible vengeance
Se réserve l'éternité ;
Mais dans le temps l'iniquité
S'anéantit par sa clémence.

Si le beau spectacle des cieux
Révèle sa grande puissance,
Ne faut il pas que sa clémence
Aussi grande frappe nos yeux ?
Oui, si sa puissance infinie
Créa les cieux sans nul effort,
Cent fois plus forte que la mort
Sa clémence nous rend la vie.

Oui, malgré l'horreur du péché,
Majesté trois fois sainte et pure,
A l'homme votre créature
Vous pardonnez avec bonté.
Oui, toujours sourit la clémence
A l'homme implorant votre nom ;
Et la mesure du pardon
Est celle de votre puissance.

Pécheurs, entendez cette voix :
C'est la voix du plus tendre père.
« Fuis mon fils, ma juste colère,
« Ah ! du moins reviens cette fois.
« Pourquoi livré toujours au crime
« Irriter sans fin mon courroux ?
« Je suis des pères le plus doux.
« Reviens, je fermerai l'abîme.

« Que t'ai-je fait, enfant chéri
« Qui dissipes ton héritage?
« Ai-je pu faire davantage!
« Pour les cieux je t'avais choisi!
« De quelle brillante parure
« Je l'enrichis dès le berceau!
« Tous les jours un bienfait nouveau
« Renaît pour toi de la nature.

« Loin de moi, loin de ma maison,
« Long-temps, ô fille de Solyme,
« De ton inconstance victime
« Du vice tu bus le poison.
« Si cette coupe meurtrière
« Profana ta virginité;
« Solyme, j'ai tout oublié
« Dès que tu m'appelles ton père.

« Combien de fois as-tu souillé
« Ta robe et ta noble parure!
« Mais j'effacerai la souillure
« Qui déshonora ta beauté.
« Du repentir la voix plaintive
« Réjouit et ravit mon cœur.
« J'aime à revêtir le pécheur
« De l'innocence primitive.

« Ah! mon fils, donne-moi ton cœur.
« Mépriserais-tu ma prière?
« Enfin l'amour de ton bon père
« Aujourd'hui sera-t-il vainqueur?
« Enfin ma longue patience
« Verra couronner mon amour.
« Oui, mon fils par son doux retour
« Fait la gloire de ma clémence.

10*

« Réjouis-toi, mon cher troupeau,
« Mêle tes chants aux chœurs des anges,
« Dis et redis mille louanges.
« J'ai retrouvé mon tendre agneau,
« O cieux, tressaillez d'allégresse.
« Renouvelez vos doux concerts,
« De mon fils j'ai brisé les fers.
« Enfin triomphe ma tendresse. »

De Sion, ô céleste écho,
Hésiterais-tu de redire
De ma grâce le doux empire ?
C'est mon triomphe le plus beau.
De cet enfant la tendre mère,
Rachel avait pleuré la mort.
Et moi, j'ai pu changer son sort.
Redis encor que je suis père.

Fête du Sacré Cœur de N. S. J.-C.

AIR : *Quels nuages épais, etc.*

O mystère d'amour, je vois au sein des cieux,
Epris, brûlant pour nous, près du Dieu du tonnerre,
Un cœur dont la lumière éblouit tous les yeux,
Soupirer après nous errants sur cette terre.
    Au Dieu Jésus, au Dieu d'amour,
    Payons tous un juste retour (*bis*).

Heureux, cent fois heureux de toute éternité,
Foyer d'amour, de gloire, embrâsé par le Père,
Malgré tous les honneurs de la Divinité,
Jésus soupire après l'exilé de la terre.
    Au Dieu Jésus, au Dieu d'amour,
    Payons tous un juste retour (*bis*).

Qu'est-il donc ô mon Dieu, pour blesser votre cœur,
Pour vous faire oublier le soin de votre gloire?
Ah! vous l'avez marqué du sceau du créateur,
Cet homme qui remplit son Dieu de sa mémoire.
  Au Dieu Jésus, au Dieu d'amour,
  Payons tous un juste retour (*bis*).

Vous avez sur son front frappé de majesté,
De votre front divin retracé la lumière.
Est-il Dieu?... Vous l'avez adopté, racheté!
De tant d'amour, ô Dieu, qui croira le mystère.
  Au Dieu Jésus, au Dieu d'amour,
  Payons tous un juste retour (*bis*).

De notre vil néant par l'homme dégradé,
Vous avez revêtu toute l'ignominie.
Un Dieu s'anéantit sous l'humble humanité;
Brave la croix, la mort, pour me rendre la vie!
  Au Dieu Jésus, au Dieu d'amour,
  Payons tous un juste retour (*bis*).

Et toi, de son amour immortel monument,
Pourrais-je t'oublier, divine Eucharistie?
Là palpite d'amour au très-Saint-Sacrement
Le cœur qui fut percé pour me rendre à la vie.
  Au Dieu Jésus, au Dieu d'amour,
  Payons tous un juste retour (*bis*).

A cet immense amour l'homme, aux bienfaits de Dieu,
De son ingratitude oppose le mystère.
C'est peu qu'un Dieu s'exile et reste en ce bas lieu.
Mon cœur n'est pas à lui : car j'entends sa prière :
  « Rends-moi, mon fils, rends-moi ton cœur,
  « Aime enfin Jésus, ton sauveur! *(bis).* »

Oui, c'en est fait, Seigneur, c'en est fait aujourd'hui,
A vous seul sur mon cœur éternelle victoire!

Aimé de votre cœur il veut brûler pour lui ;
Gravez en traits de feu ce vœu dans ma mémoire :
    Cœur de Jésus, foyer d'amour,
  De nos cœurs reçois le retour *(bis)*.

QUATRIÈME DIMANCHE APRÈS LA PENTECOTE.

Sur l'Humilité.

AIR : *Mon honneur dit, etc.*

Que suis-je moi, chétive créature,
Pour me livrer aux rêves de l'orgueil ?
Aurais-je donc oublié ma nature,
Mon origine et le ver du cercueil ? *(bis)*.
D'où viens-tu donc créature si fière ?
Ah ! sur tes yeux tu veux mettre un bandeau ;
Mais tu revois, malgré toi, dans ton frère,
Ton sort, ta fin et l'horreur du tombeau *(bis)*.

Que suis-je, ô Dieu, seul auteur de tout être,
Seule puissance et seule majesté ?
Sans moi, des cieux, ô mon souverain maître,
N'avez-vous pas tendu l'immensité ?
La terre était, et moi, néant encore,
Du créateur j'ignorais le pouvoir ;
Mais puis-je bien, dès ma première aurore,
De ma nature ignorer le devoir ?

  L'humilité !.... c'est-elle qui rappelle
Par son nom seul à l'orgueilleux son tort.
Cette parole est un miroir fidelle
Qui lui redit sa naissance et sa mort.

Aux premiers jours une terre légère,
Jouet du vent voltigeait dans les airs,
Dieu la saisit et fait de la poussière
L'homme et le roi de ce bel univers.

Admire-toi, si tu le veux, toi-même,
Homme animé par le Dieu tout-puissant;
Mais tu dois tout à l'arbitre suprême
Qui pour sa gloire anima le néant.
Si sur ton front, sur ton noble visage
Il imprima ses traits de majesté,
Du fol orgueil le fard gâte l'image
Que peut orner la seule humilité.

Humilité, sois toujours ma compagne,
Rends-moi craintif à l'aspect du danger.
La foudre atteint et frappe la montagne,
Dans la vallée aimons à nous cacher.
Là des vertus la source salutaire
Jaillit toujours et féconde les cœurs.
Près d'un ruisseau telle la printanière
En se cachant épanouit ses fleurs.

Sur les hauteurs vous lancez le tonnerre,
O Dieu, seul grand et vengeur de l'orgueil.
Humilité, dans ta bassesse espère
De l'humble agneau le sang a teint ton seuil.
L'orgueil touché s'évapore en fumée;
Et dans le vide il coula son trésor :
L'humilité mille fois éprouvée
Résiste seule au creuset comme l'or.

A l'humble cœur soyez toujours facile,
Dieu de bonté, ma force et mon espoir.
Oui, je crois, serviteur inutile,
Je ne suis rien que par votre pouvoir.

A la vertu c'est la grâce qui donne
Venant de vous le mérite et le jour.
Par votre main, c'est elle qui couronne
L'humilité dans l'immortel séjour.

CINQUIÈME DIMANCHE APRÈS LA PENTECOTE.

Sur le Pardon des Injures.

Air connu.

Mon Dieu, mon Dieu, combien de fois mon frère
Navra mon cœur par sa malignité.
Cent fois sur moi sa langue meurtrière
Darda ses traits avec férocité.
Dois-je au cruel auteur de ma ruine,
A ce serpent qui blesse sans remord,
Moi, sa victime, ô sagesse divine,
Tout pardonner ? lui pardonner encor ?
Encor, encor, lui pardonner encor ?

Toujours, toujours, oui, toujours à ton frère,
Donne, mon fils, un facile pardon.
Sans ce pardon, je ne suis plus ton père,
Cesse, mon fils, d'invoquer mon saint nom.
Veux-tu jouir d'un pardon sans mesure
Et de ma grâce obtenir le secours.
Il faut, il faut absoudre toute injure,
Pardonner tout, et pardonner toujours,
Toujours, toujours, oui, pardonner toujours.

Mon Dieu, mon Dieu, de mon coupable frère,
Mille pardons n'ont pu toucher le cœur.

Hélas! hélas! jamais de la vipère
Aucun bienfait put-il être vainqueur?
Il est un bien préférable à la vie.
Oui, mon honneur. c'est le plus beau trésor,
A sa noirceur l'ingrat le sacrifie,
Faut-il, mon Dieu, lui pardonner encor?
Encor, encor, lui pardonner encor?

Jamais, jamais, le ciel de ta prière
N'exaucera les plus avides vœux;
Cesse, mon fils, de m'appeler ton père,
A pardonner si tu n'es généreux.
Loin, loin de toi d'usurper la vengeance;
Donne à ton frère et pardon et secours.
Ah! comme moi, pardonne toute offense.
Pardonne tout et pardonne toujours,
Toujours, toujours, oui, pardonne toujours.

Mon Dieu, mon Dieu, quel sublime langage!
C'est bien celui du Dieu mort sur la croix.
Victime, hélas, il excusait la rage
De ses bourreaux par sa mourante voix.
Oui, comme lui, je veux à l'injustice
Remettre tout, jusqu'à son dernier tort;
Pour échapper à l'éternel supplice
Je lui pardonne, et lui pardonne encor,
Encor, encor, je lui pardonne encor.

Saint Jean-Baptiste.

Air: *Du serein qui te fait envie, etc.*

Quelle sera la destinée
De cet enfant dont le berceau
Signale l'heureuse arrivée
Par un prodige tout nouveau.

Le ciel (il n'était pas encore)
De son nom avait fait le choix.
Il naît : ne pouvant rien encore,
Il rend à son père la voix. *(bis)*.

« Enfin s'accomplit la promesse
« Et le serment de l'Eternel.
« Peuple, applaudis à sa tendresse.
« Béni le Seigneur d'Israël !
« Troupeau dispersé par l'orage,
« Le pasteur vient te visiter.
« Homme réduit à l'esclavage,
« Un sauveur vient te délivrer.

« Et toi, dont l'aurore prélude
« A l'approche de ce beau jour,
« Enfant tu feras ton étude
« De proclamer le Dieu d'amour.
« Succédant aux voix angéliques
« Qui bientôt diront notre espoir ;
« Toi, par tes accents prophétiques,
« Tu prédiras son doux pouvoir. »

Comme la colombe légère
S'envolant au sein d'un rocher,
Dans cet asile solitaire,
Se tient à l'abri du danger ;
Du monde évite le prestige,
Il est redoutable aux élus ;
Confie au désert le prodige
De ton destin, de tes vertus.

Tressaillez à ce beau spectacle,
Tressaillez, antiques déserts.
Ouvrez un asile à l'oracle
Qui doit étonner l'univers.

Qu'il croisse au sein de vos ruines
Cet ange député des cieux.
Ainsi brille au sein des épines
Un lis noble et majestueux (bis).

Déjà l'écho de la Judée
Redit sa prophétique voix,
Et la grandeur et l'arrivée
Du fils de Dieu, du roi des rois.
Que jusqu'alors le peuple ignore
Le roi de la céleste cour,
Lui de Jésus mystique aurore
Il ne peut ignorer le jour.

Où courez-vous, foule empressée?
Au désert qu'allez-vous donc voir?
Un roseau jouet et risée
Que le vent plie à son vouloir?
C'est là l'homme faible et timide
Dont le monde asservit les vœux,
Mais ce précurseur intrépide
Brave tout pour le roi des cieux.

Loin de lui la molle parure
Des courtisans efféminés.
Au chameau sa simple ceinture
Ses vêtemens sont empruntés.
De Dieu c'est le plus grand oracle,
Il fulmine la volupté,
Réprouve le honteux spectacle
D'Hérode au vice abandonné (bis).

Et ce front ceint du diadème
Tremble devant sa sainteté.
De ce hérault du roi suprême
Il pardonne la liberté.

Mais je vois paraître la tête
Du saint précurseur de l'agneau,
Jouet d'une impudique fête,
Au bout du glaive du bourreau !

Voilà le prix d'une danseuse
Façonnée à la vanité
Qu'inspirait sa mère odieuse
Esclave de la volupté !
D'Hérode la main téméraire
Prend cette tête, mais frémit.
Hérodiade sanguinaire
De ta honte voilà le prix !

D'Israël le plus grand prophète,
De son sang a baigné ses fers ;
Elle est donc à jamais muette
La voix si connue aux déserts !
Non, un jour ceint de l'auréole,
Ce saint, Hérode malheureux,
Par sa voix confondra l'idole
De ton cœur ignominieux.

O saint précurseur, plein de zèle
Pour la gloire du roi des cieux,
Sur tes traces, chrétien fidelle,
Je veux marcher en ces bas lieux.
S'il me faut garder le silence
Parmi les prévaricateurs,
Je détournerai l'innocence
De leurs scandales séducteurs.

Parmi les enfants de la terre
L'église, épouse de Jésus,
N'a jamais vu plus de lumière,
De plus héroïques vertus.

Gloire à Dieu dont la main couronne
Ton front de l'immortalité.
C'est lui, c'est sa grâce qui donne
La victoire à l'humilité.

SIXIÈME DIMANCHE APRÈS LA PENTECOTE.

Zèle et avantages du service de Dieu.

AIR *de la Fontaine de Vaucluse.*

Avant tout cherchons l'empire
Et la justice de Dieu.
Que cherchez-vous en délire,
O mortels, dans ce bas lieu?
Dès le lever de l'aurore
Vous vous créez des besoins,
Et la nuit vous trouve encore
Travaillés de mille soins.

La divine providence
Mesure à son gré vos jours,
Et nulle humaine prudence
N'en peut prolonger le cours.
De soucis, homme éphémère,
Pourquoi te remplir le cœur?
Un seul soin est nécessaire
C'est de servir le Seigneur.

Loin de Dieu, bientôt victime,
En vain tu fais un trésor.
Tu jettes dans un abîme
Et tes travaux et ton or.

Sans Dieu, ta vaine opulence
Laissera vides tes mains;
Mais avec lui l'indigence
Jouit des trésors divins.

Brûlons d'un zèle sincère
Pour son immuable loi.
En Dieu voyons tous un père
Qui récompense la foi.
S'il donne aux fleurs leur parure,
Aux oiseaux leurs aliments,
Le père de la nature
Oubliera-t-il ses enfants?

La vertu, c'est la parure
De notre âme et son trésor.
Sans elle la créature
Est pauvre avec tout son or.
Dieu sourit à la prière
Du juste et remplit sa main;
Et, comme une tendre mère,
Il le porte sur son sein.

Mon Dieu, mon âme s'incline
Vers toi, dès le point du jour,
Médite ta loi divine
Et brûle de ton amour.
Heureux qui cherche à te plaire!
Il a vécu sans remord.
Tu fermeras sa paupière,
Tu couronneras sa mort.

Fête de saint Pierre.

AIR : *O Roi des cieux, etc.*

Du haut des cieux,
De ton trône radieux,
O pasteur généreux,
De ton troupeau daigne écouter les vœux.
Choisi de Jésus,
Dieu des vertus,
Pour éclairer la foi de ses élus,
Protège toujours
De ton secours
Et les brebis et leurs tendres amours.
Du haut des cieux, etc.

Quand au jeune agneau
De ton troupeau
L'ennemi prépare un assaut nouveau,
Préviens le berger
De ce danger.
A notre foi daigne toujours veiller.
Du haut des cieux, etc.

Lion en courroux
Autour de nous
Nuit et jour rugit l'ennemi jaloux.
Ah! de sa fureur
Tendre pasteur,
Défends l'agneau si cher au Dieu sauveur.
Du haut des cieux, etc.

Aux champs de la foi
Dirige-moi,
Je suis toujours sans danger avec toi.
Ta prudente main,

Pasteur bénin,
Sait éviter et poison et venin.
Du haut des cieux, etc.

Docile à ta voix
Je suis les lois
Et de l'Eglise et du Dieu de la croix.
Pour sa sainte loi
Et pour ma foi,
Puissé-je un jour m'immoler comme toi !
Du haut des cieux,
De ton trône radieux,
O pasteur généreux,
De ton troupeau daigne écouter les vœux.

Fête de saint Paul, apôtre.

AIR : *Bravous les enfers, etc.*

En vain tu frémis,
En vain tu rugis,
Puissance de la terre.
De tous tes complots,
De tes fiers héros
Triomphe le Dieu du tonnerre.
A quoi bon, Saul, cette fureur?
A quoi bon cette aveugle rage?
Tu ne pourras être vainqueur,
Jésus forcera ton hommage.
En vain, etc.

Tu vas précipitant tes pas
Pressé d'une soif sanguinaire;

Mais sur le chemin de Damas,
Attéré, tu mords la poussière.
    En vain, etc.

Autour de toi jaillit des cieux
Un éclair brillant de lumière.
Un voile épais couvre tes yeux
Et ton immobile paupière.
    En vain, etc.

« Du sang de mes adorateurs,
« Pourquoi, Saul, étancher ta rage ?
« De mes fidelles serviteurs
« Pourquoi persécuter l'hommage ?
    En vain, etc.

« Parlez, Seigneur, que voulez-vous ?
« Que veux-tu, céleste vengeance ?
« Grand Dieu, Saul est à vos genoux,
« Il vous promet l'obéissance.
    En vain, etc.

« Vers la cité porte tes pas; »
Lui dit une voix de la nue.
« Attends qu'un chrétien de Damas,
« En mon nom te rende la vue. »
    En vain, etc.

Va, courbe ton front sous sa main;
Adore Jésus, âme altière.
Tu béniras ce nom divin,
Quand tu reverras la lumière.
    En vain, etc.

Ce nom que tu persécutais,
Tu le porteras avec gloire

Aux Juifs, aux Gentils, aux Palais.
Tu périras pour sa victoire.
  En vain, etc.

Pour lui brave tous les dangers;
De la mer affronte l'abîme.
A Jésus cueille des lauriers,
Pour lui sois héros et victime.
  En vain, etc.

Un jour, près du Dieu de Sion,
Près de la majesté divine,
Des blasphémateurs de son nom
Tu prononceras la ruine.
  En vain tu frémis,
  En vain tu rugis,
  Puissance de la terre.
  De tous tes complots, —
  De tes fiers héros
Triomphe le Dieu du tonnerre.

SEPTIÈME DIMANCHE APRÈS LA PENTECOTE.

Crainte de la Mauvaise Doctrine.

AIR : *Loin de nous, sœurs de Permesse, etc.*

« Une coupable doctrine,
« Pour t'égarer cher troupeau,
« De la sagesse divine
« Empruntera le manteau.

« Sa funeste perfidie,
« Sous la peau de la brebis,
« Entrant dans la bergerie,
« Perdra des agneaux chéris. »

LE CHŒUR :

Toi qui donnas ta vie
Pour nous, ô bon pasteur,
Trompe du loup ravisseur
La fureur et la perfidie.
Trompe du loup ravisseur
La perfidie et la fureur.

« Malgré toute leur malice,
« Des prophètes ennemis
« Vous connaîtrez l'artifice,
« Agneaux et tendres brebis.
« Si leur science hypocrite
« Peut mentir au nom des cieux,
« Et leurs fruits et leur conduite
« Ne pourront tromper vos yeux. »
Toi qui, etc.

« Cueille-t-on la douce olive
« Sur le sauvageon grossier ?
« Et la colombe craintive
« Vient-elle de l'épervier ?
« Cherche-t-on sur les épines
« Le raisin et ses douceurs ?
« Et les vertus, sœurs divines,
« Naîtraient de ces faux docteurs ? »
Toi qui, etc.

Du nom de philosophie
Un jour décorant l'erreur,
Ecoute ma voix amie,
Mortel, dira l'imposteur,

Tu gémis dans l'esclavage,
Sous le joug qu'on nomme *foi* ;
Né pour un meilleur partage
Viens, mortel, viens avec moi.
  Toi qui, etc.

Au doux banquet de la vie,
Toi qui ne parais qu'un jour,
Comme la brute asservie,
Tu rampes dans ce séjour.
Moi seule à tes vœux propice,
J'offre liberté, plaisir.
Viens savourer mon calice,
Sans souci de l'avenir.
  Toi qui, etc.

O doctrine meurtrière,
Des vertus cruel fléau,
L'homme qui se désespère
T'accuse au sein du tombeau.
Tu n'enfantes que des crimes,
Tu conduis au désespoir.
Les puissances des abîmes
Vantent seules ton pouvoir.
  Toi qui, etc.

Mais toi, parole divine,
Féconde pour le bonheur,
Avec la saine doctrine
Tu donnes la paix du cœur.
Eglise dépositaire
De ce précieux trésor,
Sois toujours ma tendre mère,
Conduis-moi jusqu'à la mort.
  Toi qui, etc.

Visitation de la Sainte-Vierge.

Air connu.

Qu'elle a de grâce, ô Dieu, qu'elle est royale
Jusqu'en ses pas la princesse des cieux !
De son beau front la candeur virginale
Relève encor le charme de ses yeux.
Qu'elle a, etc.

Accompagnez les pas de votre reine ;
Anges, suivez cette vierge en tout lieu.
Cortége heureux de cette souveraine,
En la suivant, vous suivez votre Dieu.
Accompagnez, etc.

Oui, dans ses flancs, l'admirable Marie
Porte le roi de la terre et des cieux.
Ainsi l'aurore à la terre ravie
Laisse entrevoir le soleil radieux.
Oui, etc.

Ah ! tressaillez, tressaillez d'allégresse,
Vous qui portez le plus grand des mortels.
Vers votre toit s'avance la princesse
Qui doit changer la face des autels.
Ah ! etc.

« D'où me vient donc à moi, pauvre mortelle,
« Tant de bonheur, et cet excès d'bonheur ?
« Mère de Dieu, d'une douceur nouvelle
« Le sentiment pénètre dans mon cœur.
« D'où me vient, etc.

« Et mon enfant, à sa douce influence
« Rend témoignage en soulevant mon sein.

« De son sauveur il ressent la présence,
« Pour moi ce jour est d'un bonheur divin !
« Et mon, etc.

« Par-dessus tout le Seigneur l'a bénie.
« Sois à jamais la gloire d'Israël.
« Oui, sois bénie, ô divine Marie ;
« Fruit de ton sein, béni l'Emmanuel !
« Par-dessus, etc. »

Ah ! daigne aussi verser sur ma demeure
Ton doux secours, ô mère de mon Dieu !
De ton pouvoir j'ai besoin à toute heure,
De ton client daigne exaucer le vœu.
Ah ! etc.

Fête de la chaire de Saint-Pierre.

AIR : *Mon honneur me dit, etc.*

De ton beau front quelle gloire nouvelle
Je vois jaillir, ô reine des cités.
Ta destinée, ô Rome, est éternelle,
Pour t'obéir tous les mortels sont nés *(bis)*.
Foule à tes pieds tes idoles honteuses,
Ouvre au vrai Dieu tes antiques remparts.
Un nouveau trône et des lois plus heureuses
Vont succéder aux grands noms des Césars *(bis)*.

La vérité fixe aujourd'hui sa chaire
Sur les débris de tes vaines grandeurs,
Tu recevras sur le trône de Pierre,
Le beau tribut d'universels honneurs *(bis)*.

Autour de toi, puissances ébranlées
Chancelleront et royaumes et rois ;
Mais toi, debout, avec tes destinées,
Jusqu'à la fin tu dicteras des lois *(bis)*.

Le premier roi de ton nouvel empire,
Dans son sang même a fondé ton pouvoir.
Près de tes murs, sur la croix il expire,
Et tu deviens centre de notre espoir *(bis)*.
Ah ! trop long-temps ton orgueil sanguinaire
S'est abreuvé du malheur des mortels.
Que l'univers en toi voie une mère,
Et plein de joie épouse tes autels *(bis)*.

Sur tes hauteurs je vois briller le phare
Qui doit guider et mes pas et ma foi.
A sa faveur nul mortel ne s'égare.
Si je me perds, la faute en est à moi *(bis)*.
Oui, quand l'orgueil, hélas ! veut se conduire
Par les dangers de ce monde d'erreurs,
Triste jouet, il va dans son délire,
Du désespoir se perdre aux profondeurs *(bis)*

Lorsqu'Israël, loin de son esclavage
Et de l'Egypte, allait hâtant ses pas,
Dieu, jour et nuit, guidait son héritage
Malgré la nuit il ne s'égara pas *(bis)*.
Devant ce peuple, un foyer de lumière,
Une colonne embrâsée à ses yeux,
Le dirigeait d'un pas sûr vers la terre
Que l'Eternel promit à ses aïeux *(bis)*.

Déjà le ciel, par cette heureuse image,
Des tes bienfaits annonçait l'avenir ;
C'est toi qui dois conduire à l'héritage
Tous les enfants qu'un Dieu daigna choisir *(bis)*.

Guide et bénis du haut du capitole
Tous les enfants dociles à tes lois,
Nous respectons ta sublime parole,
De ton pouvoir nous bénissons les droits (*bis*).

HUITIÈME DIMANCHE APRÈS LA PENTECOTE.

Sur le Jugement particulier.

AIR : *Au fonds des brûlants abîmes, etc.*

C'en est fait : d'un Dieu sévère
J'aperçois le tribunal.
Je crains son visage austère
Autant que l'arrêt fatal.
 Seigneur, Seigneur,
Dieu que j'appelais mon père,
Ayez pitié du pécheur.

Avec moi si la justice
Veut entrer en jugement,
Je me condamne au supplice,
Je n'attends que châtiment.
 Seigneur, Seigneur,
A mes pleurs soyez propice,
Ayez pitié du pécheur.

J'ai vu sans fin les nuées
Passer sous le firmament ;
Plus nombreuses mes pensées
Redoutent le jugement.

Seigneur, Seigneur,
Maître de mes destinées,
Ayez pitié du pécheur.

Les vagues, vers le rivage,
Vont se succédant toujours.
De mes désirs d'âge en âge
Ainsi s'est pressé le cours.
　　Seigneur, Seigneur,
En faudrait-il davantage
Pour condamner le pécheur ?

Si la parole inutile
N'échappe à votre examen,
Quelle carrière fertile
Pour votre courroux divin.
　　Seigneur, Seigneur,
Ne serez-vous plus facile
A pardonner au pécheur ?

Ah ! pourrais-je de ma vie
Enumérer les erreurs ?
Pardonnez, je vous supplie,
Dieu de justice à mes pleurs.
　　Seigneur, Seigneur,
Miséricorde infinie,
Ayez pitié du pécheur.

« Pécheur, qui crains ma vengeance,
« Tu pouvais la désarmer.
« Mais dès les jours de l'enfance
« Tu n'as fait que l'irriter.
　　« Pécheur, pécheur,
« Si tu n'as plus d'espérance,
« A qui dois-tu ton malheur ?

« Un Dieu mort sur le calvaire
« N'a jamais pu te toucher.
« A cet amoureux mystère
« Tu fus dur comme l'acier.
　　« Pécheur, pécheur,
« De mon jugement sévère
« Tu mérites la rigueur.

« C'en est fait : de la justice
« Le règne va commencer.
« Au temps qui te fut propice
« La rigueur va succéder.
　　« Pécheur, pécheur,
« L'éternité de supplice
« N'a donc pu changer ton cœur? »

Vivrai-je encor sans alarmes,
Sans crainte de l'avenir?
Non, mon Dieu, voyez les larmes
Que verse mon repentir.
　　Seigneur, Seigneur,
Les pleurs ont encor des charmes
Pour fléchir votre rigueur.

NEUVIÈME DIMANCHE APRÈS LA PENTECOTE.

Sur la Résistance à la Grâce.

AIR : *Portrait charmant, etc.*

Un Dieu sur toi pleure aujourd'hui, Solyme :
Il pleure en vain sur l'acier de ton cœur.
Tu dédaignas ton aimable Sauveur.
De ton mépris tu seras la victime (*bis*).

Hélas! pourquoi n'as-tu pas su connaître
L'auguste fils du souverain des rois,
Quand le prodige accompagnait sa voix,
Et, sans effort, de sa main semblait naître? *(bis)*.

Dans le danger, l'oiseau prend sous son aile
Et de son corps protège ses petits;
Ainsi Jésus, de tes enfants chéris,
Eut éloigné des horreurs éternelles *(bis)*.

Mais non, cité, non Solyme rebelle,
Baigné de sang, tu les verras périr.
Dieu t'abandonne à ton triste avenir.
Frappe ton sein, ô mère criminelle! *(bis)*.

Depuis long-temps, pécheur, autre Solyme,
Jésus te presse et demande ton cœur.
Il te rappelle à ton premier bonheur,
Il veut ce Dieu t'arracher à l'abîme *(bis)*.

Tu le quittas, et ce Dieu pleure encore
Le triste jour où tu voulus partir.
Loin de Jésus voudrais-tu donc périr?
Reviens, reviens dès la première aurore *(bis)*.

Dans tes erreurs n'as-tu pas su connaître
A tes remords la voix de ton Jésus?
Et le regret de tes beaux jours perdus,
N'est-ce pas lui, pécheur, qui le fit naître? *(bis)*.

La mort bientôt va trancher de ta vie
Le faible fil et consommer ton sort.
Reviens, Jésus peut seul vaincre la mort.
Jésus peut seul tromper ton ennemie.

Il veut, pécheur, te couvrir de son aile
Et t'affranchir du céleste courroux.

Reviens enfin, ah! tombe à ses genoux.
Il guérira ta blessure mortelle (*bis*).

Il te rendra les jours de ton enfance,
Ces jours heureux de si doux souvenir.
Il sauvera, pécheur, ton avenir.
Reviens à lui, renais à l'espérance (*bis*).

DIXIÈME DIMANCHE APRÈS LA PENTECOTE.

Sur l'Orgueil.

Air d'Octavie.

O Lucifer, beauté presque divine,
Toi, des esprits, ô le plus glorieux,
Ange si fier de ta noble origine,
Comment, hélas! es-tu tombé des cieux?
A ton éclat tous les anges fidelles
Portaient envie en l'immortel séjour.
Que de rayons jaillissaient de tes ailes,
Lorsque ta main nous envoyait le jour!

Le créateur savourait ta louange
Comme un parfum d'une suave odeur.
Comment, hélas! foudroyé par l'Archange,
De ton beau front as-tu perdu l'honneur?
L'orgueil un jour, d'une vaine espérance
Berça ton cœur et t'enivra d'espoir.
Tu te crus Dieu!... Mais de Dieu la vengeance,
En t'abimant, te montra son pouvoir.

De ton orgueil flétrissant le délire,
Il t'imprima le sceau du déshonneur.
Il te chassa de son céleste empire
Et t'enchaîna dans un séjour d'horreur.
Comme un linceul, dans ses replis funèbres,
Anéanti les héros et les rois,
T'enveloppant d'éternelles ténèbres
Dieu te flétrit et t'insulte à la fois !

Toi qui portais autrefois la lumière,
Il te dit roi d'un cachot ténébreux,
Où t'accablant de sa durée entière
L'éternité se rit de tes grands vœux.
Par ton malheur instruits, grande victime,
Que les mortels dévoués au cercueil
Tremblent sondant l'épouvantable abîme
Que sous leurs pas a creusé ton orgueil !

O Lucifer, beauté presque divine,
Toi, des esprits, ô le plus glorieux,
Ange si fier de ta noble origine,
Comment, hélas ! es-tu tombé des cieux ?
Imitateur de ton brillant délire,
Un roi mortel, le fol Antiochus,
S'estime Dieu, mais bientôt il expire ;
Aux vers livré par le Dieu des vertus.

« Le sommeil fuit, disait-il, ma paupière ;
« Jérusalem que je t'ai fait souffrir !
« En vain à Dieu s'égale la poussière ;
« Comme un tyran me suit me souvenir.
« Le Dieu du ciel a soufflé sur ma gloire,
« Il a flétri mon sang et mes honneurs.
« Des rois mortels il livre la mémoire
« Et la personne aux vers. Ah ! quels vengeurs !

« Pardonne-moi, pardonne à ma prière,
« Délivre-moi, grand Dieu, de ces bourreaux;
« Malgré le spectre, hélas! je suis poussière,
« Pardonne-moi, prends pitié de mes maux. »
En vain, tyran du peuple et du saint temple,
Ta honte prie au nom de ton orgueil.
Rival de Dieu, ta maison te contemple
En proie aux vers avant d'être au cercueil!

O Lucifer, beauté presque divine,
Toi, des esprits, ô le plus glorieux,
Ange si fier de ta noble origine,
Comment, hélas! es-tu tombé des cieux?
Toi qui voulais, mortel, dans ton délire,
De l'immortel un jour marcher l'égal,
Adandonné de tes amis expire.
Dieu t'a touché de son souffle fatal.

Néant créé, non, tu n'es qu'impuissance,
Homme, tu n'es qu'un fragile roseau.
Ton fol orgueil provoquant la veangeance,
Te fait briser comme un frêle vaisseau.
Debout et fier, récitait sa justice,
Près de l'autel, un mortel orgueilleux,
Dieu le condamne et se montre propice
Au publicain qui n'ose ouvrir les yeux.

Humilité, ta timide prière
De l'Eternel désarme le courroux.
Il aime à voir, près de son sanctuaire,
L'homme tremblant, l'invoquer à genoux.
Il tend la main à celui qui s'abaisse;
L'humilité nous tient lieu de vertus.
Telle autrefois la craintive princesse
Esther charma le cœur d'Assuérus.

Pauvre mortel, connais-toi donc toi-même ;
L'homme est un Dieu que l'orgueil a perdu.
Abaisse-toi devant l'Etre suprême,
De lui nous vient et puissance et vertu.
O Lucifer, beauté presque divine,
Toi, des esprits, ô le plus glorieux,
Ange si fier de ta noble origine,
Comment, hélas ! es-tu tombé des cieux ?

ONZIÈME DIMANCHE APRÈS LA PENTECOTE.

On demande des Miracles pour le Corps et l'on oublie l'Ame.

Air à volonté.

De notre corps, comme une tendre mère,
Nous protégeons la fragile santé.
Il doit bientôt se dissoudre en poussière
Et nous pleurons sa moindre infirmité !

Mais que notre âme immortelle et divine
Perde et la vie et ses célestes droits.
De sa beauté nous souffrons la ruine !
Pour le corps seul nous élevons la voix.

« Venez, Seigneur, mon serviteur expire
« Sous l'aiguillon de cruelles douleurs.
« Venez, Seigneur, après vous il soupire,
« Dites un mot, et cesseront ses pleurs.

« Pour les mortels descendu de la nue,
« O Dieu Jésus, ayez pitié de moi.

« Vous le pouvez : ah ! rendez-moi la vue.
« Parlez, Seigneur ; Jésus, voyez ma foi.

« Maître, à l'instant ma fille bien-aimée
« Vient d'expirer ; mais j'espère en vous seul.
« Venez, Seigneur, que par vous ranimée,
« Pleine de vie elle échappe au linceul. »

Oui, quand le vent de l'hostile fortune
Détruit l'objet de nos terrestres vœux,
Notre douleur jour et nuit importune
Pour les faux biens et la terre et les cieux.

Agneau de Dieu, dans votre sanctuaire,
Si quelque fois l'homme verse des pleurs,
C'est pour son corps, cette maison de terre.
Meure son âme, objet de vos douleurs !!!

Meure cette âme !... Et la sensible mère
Qui vient pleurer pour son fils bien-aimé,
Chair pour la chair adresse sa prière,
Et du corps seul demande la santé.

Qu'un thaumaturge aux enfants de la terre,
Au nom de Dieu, prodigue les bienfaits ;
Tous pour le corps versent pleurs et prière,
Et toi, belle âme, on t'oublie à jamais !

Laissons, chrétiens, les enfants de ce monde,
Idolâtrer les faux biens et leurs corps ;
Imitateurs de leur erreur profonde,
Pourrions-nous perdre âme et ciel sans remords ?

DOUZIÈME DIMANCHE APRÈS LA PENTECOTE.

Sur la Charité.

AIR : *Viens, viens à moi, etc.*

Descends des cieux, vertu pleine de charmes,
Viens consoler le malheureux mortel,
O charité, viens essuyer ses larmes
Dans son exil, et le conduire au ciel (*bis*).

Du doigt de Dieu fais jaillir les miracles,
Puissante foi, confonds, charme nos yeux.
Qui t'ouvrira les sacrés tabernacles?
La charité peut seule ouvrir les cieux (*bis*).

Aux yeux mortels, ô vertu la plus belle,
Douce espérance, aurore du bonheur,
La charité te porte sur son aile
Et sur son sein te prodigue au malheur (*bis*).

Quitte un moment ta douce rêverie,
Homme opulent et couronné de fleurs;
De son grabat la pauvreté te crie :
« Viens, viens à moi, viens essuyer mes pleurs. » (*bis*).

Viens consoler la faible créature.
Un Dieu pour elle a bien quitté les cieux,
Pour les mortels, oubliant sa nature,
Un Dieu put bien s'exiler avec eux (*bis*).

De l'affligé soulage l'infortune,
De l'orphelin sois le père chéri.
Sois du vieillard le fils et la fortune,
De tous les cœurs ton nom sera béni (*bis*).

Vois de l'encens la suave fumée
En tournoyant s'élever vers les cieux,
Du pauvre ainsi la prière animée,
Au ciel pour toi portera de doux vœux (*bis*).

Du fils de Dieu tu connais les oracles;
Fais de tes biens un sage et saint emploi;
Fais des amis. Les sacrés tabernacles,
Jésus l'a dit, s'ouvriront devant toi (*bis*).

Aux malheureux toi qui donnes un frère,
Aux affligés un doux consolateur,
O charité, des hommes sois la mère,
Sois leur trésor, tu feras leur bonheur (*bis*).

Fête de la Transfiguration.

AIR : *Le visage teint, etc.*

Sur le mont Thabor,
De Jésus brille la lumière,
Plus vive que l'or.
Il est proclamé par son père.
Fils du roi des rois,
Bientôt sur la croix,
Si tu dois expirer sans gloire,
Le Thabor prédit la victoire.
Vive Jésus, respect à sa loi!
Le ciel commande aujourd'hui ma foi.

Prodige d'amour,
De l'amour divine folie,

O croix, en ce jour,
Dieu pare à ton ignominie.
Le Dieu du Thabor,
Au jour de sa mort
Et du scandale du calvaire,
Prépare ici la foi de Pierre.
Vive Jésus, etc.

Oui, témoins des cieux,
Aujourd'hui le Dieu de justice
Couronne à vos yeux
La victime du sacrifice.
Bientôt, sous les coups
Du divin courroux,
Doit mourir, aux yeux de la terre,
Ce fils tant aimé d'un Dieu père.
Vive Jésus, etc.

Quand le roi du jour
Paraît, il dissipe les ombres;
Et dès son retour
La nuit fuit sur ses ailes sombres.
Aussi radieux,
Aussi glorieux,
Jésus, que le ciel glorifie,
Chasse les ombres de sa vie.
Vive Jésus, etc.

De l'humanité,
S'il prit l'enveloppe grossière,
Sa divinité
Lui communique sa lumière.
De cette union,
Le Dieu de Sion,
Sous une mystique nuée,
Epouse alors la destinée.
Vive Jésus, etc.

Un peuple de dieux,
Fruit de cette union féconde,
Naîtra plus nombreux
Que les points lumineux du monde
Du flanc de Jésus,
Source des élus,
Ouvert par la lance fatale,
Sur la croix, couche nuptiale.
Vive Jésus, etc.

Un jour, glorieux,
Sortiront, du sein de la terre,
Ces élus des cieux,
Du corps secouant la poussière;
Et comme Jésus,
Ils ne mourront plus.
S'ils ont pris part à sa victoire,
Ils doivent partager sa gloire.
Vive Jésus, etc.

TREIZIÈME DIMANCHE APRÈS LA PENTECOTE

Sur l'Ingratitude.

Air connu.

Quand une lèpre, un mal, une infortune
Afflige l'homme, il réclame Jésus.
Dans le malheur notre voix l'importune,
Il nous délivre, et nous n'y pensons plus.
Quand une lèpre, un mal, une infortune
Afflige l'homme, il réclame Jésus.

« Seigneur, dit l'homme, ô puissance infinie !
« A votre voix un mort sort du tombeau.
« Guérissez-moi, conservez-moi la vie,
« Montrez-vous Dieu par ce bienfait nouveau.
« Seigneur, etc.

« Ayez pitié de votre créature ;
« Si vous voulez, vous pouvez me guérir.
« Maître des cieux, maître de la nature,
« A votre voix le mal sait obéir.
« Ayez, etc.

« Soyez guéri, dit le Dieu des miracles. »
Le mal docile obéit à sa voix.
Venez, venez près des saints tabernacles,
Heureux mortel, bénir le roi des rois.
« Soyez, etc. »

De mon Jésus, tendre sollicitude,
Sur l'homme en vain tu répands tes bienfaits.
Il n'y répond que par l'ingratitude.
Tu le guéris, il t'oublie à jamais !
De mon Jésus, etc.

Ingrat mortel, de la reconnaissance
Pouvez-vous bien méconnaître la loi.
Un bienfait fut toujours une puissance.
Témoin la brute : et vous êtes son roi !
Ingrat mortel, etc.

« Le bœuf connaît la maison de son maître ;
« Par les bienfaits les tigres sont vaincus ;
« Le fier lion a su les reconnaître ;
« Israël seul ne les reconnaît plus.
« Le bœuf, etc.

« Je l'élevai, comme une tendre mère :
« A son bonheur je veillai nuit et jour.
« Il m'abreuva d'une douleur amère :
« Il méprisa les soins de mon amour.
« Je l'élevai, etc. »

Hélas! mon Dieu, trop juste est votre plainte,
Je fus ingrat : J'oubliai vos bienfaits.
Confus, je viens dans votre maison sainte,
Les reconnaître et pleurer mes forfaits.
Hélas! etc.

Oui, chaque jour, au lever de l'aurore,
Je bénirai le doux nom de Jésus ;
Oui, nuit et jour ! ô Dieu, puissé-je encore
Le célébrer au milieu des élus !
Oui, etc.

Pour l'Assomption.

Air : *Le point du jour, etc.*

« O divin fils,
« O mon Jésus, je sens brûler mon âme
« D'un feu secret, et je languis.
« Quand vous verrai-je ? Ah! je ne puis
« Résister au feu qui m'enflamme.
« O divin fils! (*bis*).

« Divin époux,
« Esprit d'amour, tardera-t-il encore
« A paraître ce jour si doux
« Qui doit me réunir à vous?
« Ah! je vois poindre son aurore!
« Divin époux.

« Voici le jour,
« O jour heureux! quel beau soleil éclaire
« Le triomphe de mon amour,
« Et m'enlève de ce séjour!
« Je sens défaillir ma paupière.
« Voici le jour! »

Comme une fleur
Sous le tranchant tombe et nous charme encore,
Telle la vierge de candeur
Expire avec grâce et bonheur,
Et vermeille comme l'aurore,
Comme une fleur.

Elle est aux cieux;
Oui, je l'ai vue avec grâce appuyée
Sur son bien-aimé radieux,
Avec lui, du séjour heureux,
Par le désert franchir l'entrée.
Elle est aux cieux.

Reine des cieux,
Près de ton fils, oui, porte la couronne;
Oui, que ton front soit glorieux;
Mais ne dédaigne pas les vœux
Dont notre terre t'environne,
Reine des cieux.

Oh! quel bonheur
Pour les mortels! aux cieux règne la mère
Que leur légua le Dieu sauveur :
Elle est puissante sur son cœur.
Toujours il entend sa prière.
Oh! quel bonheur!

Mère d'amour,
A vos enfants rendez le ciel propice.

13*

Reine de la céleste cour,
Que votre nom dans ce séjour,
Comme aux cieux, toujours retentisse,
Mère d'amour!

QUATORZIÈME DIMANCHE APRÈS LA PENTECOTE

Combats du Chrétien et Triomphe de la Grâce.

Air : *Oh! toi qui n'eus jamais dû naître, etc.*

Mon Dieu quelle est cette puissance
Qui me livre tant de combats?
Dès l'aurore de mon enfance
Elle s'acharna sur mes pas.
  Toute ma vie,
  Cette ennemie
Vous dispute mon faible cœur.
  Dans cette guerre,
  O tendre père,
De mon cœur soyez le vainqueur *(bis)*.

Comme le ruisseau s'abandonne
A son libre et facile cours
Et suit le penchant que l'on donne
A son lit creusé pour toujours,
  Sans violence
  A la puissance
Qui me combat par ses appas,
  Mon cœur facile
  Et trop docile
Se rend, si vous ne m'aidez pas *(bis)*.

Esclave né de la mollesse,
Sans effort je cède à ses lois ;
Mais rebelle pour la sagesse,
J'embrasse avec peine la croix.
   Ah ! renouvelle,
   Grâce fidelle,
A chaque instant ton doux secours :
   Tu rends aimable
   Et praticable
La vertu qui te doit ses jours.

Entre deux maîtres je balance,
Je mérite votre courroux,
Mon Dieu ; fixez mon inconstance,
Prenez mon cœur, il est à vous.
   Mais du prestige,
   Sans un prodige,
Pourrai-je, ô Dieu, le préserver.
   Levez les charmes,
   Ce sont les armes
Qui peuvent seules m'alarmer.

Oui, c'en est fait ! c'est vous que j'aime :
C'est vous seul que je veux servir.
Pour votre amour, beauté suprême,
Je veux vivre, je veux mourir.
   Mais quelle chaîne
   Toujours m'entraîne,
Loin de vous, mon Dieu, malgré moi ?
   Homme facile,
   O cœur débile,
Trahirai-je encor votre loi ?

Non, non, fort de votre puissance,
Avec vous je vaincrai toujours.
En vous j'ai mis mon espérance ;
De vous seul j'attends mon secours.

Fais moi la guerre,
Dieu de la terre,
Monde, je ne suis plus à toi;
Malgré tes charmes,
Je rends les armes
Au Dieu du ciel. Il est mon roi.

Qu'il règne à jamais sur mon âme!
Qu'il règne à jamais sur mon cœur!
De son amour le feu m'enflamme;
Lui seul peut faire mon bonheur.
Sa providence,
Par sa puissance,
Sait pourvoir à tous mes besoins.
A ma prière,
Ce tendre père,
Me prodigue les plus doux soins.

C'est lui qui donne la parure
A la fleur, à toute beauté.
C'est le maître de la nature,
L'auteur de la félicité.
Son amour tendre
Sait me défendre
Contre mes puissants ennemis.
Dans les alarmes
Il prend les armes
Pour sauver ses enfants chéris.

Et je pourrais à son empire
Pour le monde, ingrat! m'arracher?
Non, si mon cœur jamais soupire,
Mon Dieu, c'est pour mieux vous aimer.
Beauté chérie,
Oui de ma vie

Je vous consacre tout le cours.
Je vous adore,
Vous aime encore,
Dieu, je vous aimerai toujours.

Fête de saint Louis, roi de France.

AIR : *Honneur aux enfants de la France, etc.*

Venez, Français, célébrer la mémoire
Du plus vaillant, du plus saint de nos rois.
Sur notre nom a rejailli sa gloire;
Pour le louer réunissons nos voix (*bis*).
De nos aïeux il fut le tendre père,
Et de son Dieu le zélé serviteur.
   De la France il a fait l'honneur :
   La France à jamais le révère (*bis*).

Reine du monde, ô glorieuse France,
Ton front fut-il jamais déshonoré,
Quand sur ton trône unie à la vaillance,
Dans un grand roi régna la piété? (*bis*).
Au roi du ciel empruntant sa justice,
Louis régnait sans imposer de fers.
   Honneur des rois de l'univers,
   Que l'humanité le bénisse! (*bis*).

Venez, Français, approchez-vous sans crainte
De ce grand roi ; vous êtes ses enfants.
Veuve, orphelin, il attend votre plainte ;
Ne craignez pas des oppresseurs puissants (*bis*).

D'un arbre antique à l'ombre hospitalière
Louis sourit à tous avec bonté.
    D'un roi voilà la majesté,
    Quand de ses sujets il est père *(bis)*.

Loin de Louis l'importun satellite
Dont la prudence environne les rois !
Il est aimé Louis : il le mérite.
Oui, l'on bénit et son nom et ses lois *(bis)*.
Dans un grand roi, français, qu'ils ont de charmes.
Cet abandon, cette simplicité !
    Aux beaux temps de la royauté,
    La piété valait des armes *(bis)*.

Foi de Louis, ô piété loyale,
Tu réunis et valeur et vertus.
Tu sais prouver que nul héros n'égale
Un roi fidelle aux lois du Dieu Jésus *(bis)*.
Comme il brandit sa redoutable épée !
Impatient s'élance dans la mer !
    De l'Africain brave le fer
    Et met en fuite son armée ! *(bis)*.

Il a brisé, rangés sur le rivage,
Les bataillons du cruel musulman.
Que la fortune outrage son courage,
Sans la victoire on peut se montrer grand ! *(bis)*.
Plus tard vainqueur, le musulman honore
Ce roi captif, trop grand pour l'univers.
    Jetez un lion dans les fers,
    Il paraît redoutable encore *(bis)*.

Du nom Français, oui, Louis est la gloire,
Il est plus grand cent fois, malgré ses fers,
Si la vertu surpasse la victoire,
Que les héros vantés de l'univers *(bis)*.

Pour la rançon, jeté dans la balance,
Sur notre honneur, promis au musulman
    L'or manquait : L'or vaut-il le sang?
    L'or vaut-il l'honneur de la France ? *(bis)*.

Héros chrétien, Louis, à la vaillance,
Réunissait piété, loyauté,
Et pour l'honneur de notre belle France,
Chez le barbare il tint à l'équité *(bis)*.
Le musulman à tromper si facile
Eut ignoré la ruse de ce tort.
    Un roi chrétien méprise l'or,
    A l'honneur, à la foi docile *(bis)*.

Dans le danger souvent la crainte prie ;
Mais en Louis en tout temps c'est la foi.
Sur son vaisseau vogue avec lui l'hostie
Qu'il reconnaît pour son Dieu, pour son roi *(bis)*.
Contre un rocher le vaisseau donne et s'ouvre,
Louis le sauve et sa vie en priant.
    Sur la mer s'il fut si puissant,
    C'est qu'il était chrétien au Louvre *(bis)*.

S'il attaqua le Sarazin barbare,
C'était pour le gagner au roi des rois.
Il ne l'a pu ; mais sa foi se prépare
A retourner aux combats pour la croix *(bis)*.
C'est à regret qu'il abat des victimes
Que son amour aurait voulu sauver.
    O peuple, il voulait t'arracher
    A la servitude, aux abîmes *(bis)*.

Il meurt au sein de sa noble carrière :
Son nom vivra parmi nous à jamais.
Sa piété, si tendre et si guerrière,
A rehaussé l'honneur du nom français *(bis)*.

Va recevoir la brillante couronne
De tes vertus et de tes nobles vœux,
  Et prie, ô saint roi, dans les cieux,
  Pour les Français et pour ton trône (*bis*).

QUINZIÈME DIMANCHE APRÈS LA PENTECOTE.

Mort du Juste.

Air d'Octavie.

Adieu, parents, adieu, pieuse mère !
Je vais quitter ce terrestre séjour.
Je sens déjà se fermer ma paupière.
Ne pleurez pas ; nous nous verrons un jour.
Convive un jour au banquet de la vie,
Je ne pouvais m'aveugler sur mon sort ;
Dès le berceau marqué par l'ennemie,
L'homme ne peut échapper à la mort.
La vie, hélas ! est l'image du rêve
Qui nous égare au milieu du sommeil.
Mais aujourd'hui la vérité se lève,
La mort, parents, est le jour du réveil.
Je vois déjà les trompeuses images
Qui des mortels ont fasciné les yeux,
Fuir loin de moi, fuir comme ces nuages
Que le vent pousse et chasse sous les cieux.
L'homme endormi poursuit une chimère,
Il la saisit, la tient, la serre en vain.
Plaisirs ! trésors ! c'est une ombre légère
Qui, malgré lui, s'échappe de sa main.
Pour moi j'ai cru l'éternelle parole :
Tout sous les cieux, oui, tout est vanité.
Homme, aime Dieu ; tout le reste est frivole.
Tu l'avais dit, ô Dieu de vérité.

A mes erreurs, à mes larmes pardonne,
Dieu de bonté, mon aimable Jésus.
Ta grâce fait et ta bonté couronne
Et les élus et leurs faibles vertus.
Adieu, parents, adieu, pieuse mère;
Je vais quitter ce terrestre séjour.
Je sens déjà se fermer ma paupière.
Ne pleurez pas; nous nous verrons un jour.
Aux yeux de Dieu quelle âme serait pure,
S'il la jugeait avec sévérité?
Je tremble, ô ciel! mais ce qui me rassure,
C'est qu'il pardonne avant l'éternité.
En sa bonté toujours mon âme espère :
De l'espérance il te fait un devoir.
Il a montré, mourant sur le calvaire,
De son amour le généreux pouvoir.
Ferme mes yeux, ô mère à la main pure,
Près de l'autel souviens-toi de ton fils :
Conduis prier près de ma sépulture
Ces bons vieillards que ta main à nourris.
Et ton aumône et leur simple prière
M'ont précédé comme le pur encens.
L'aumône! c'est un ange débonnaire
Qui nous protège auprès du Tout-Puissant.
Adieu, parents, au revoir, tendre mère,
Je vais entrer dans l'immense avenir.
Priez pour moi : ciel! entends leur prière.
Voici mon Dieu, voici le jour venir!
Il dit et meurt : puis une seule larme
Coule à regret de ses célestes yeux.
Reste à ses traits un sourire, un doux charme,
Gage certain de son entrée aux cieux.
Adieu, parents, adieu, pieuse mère;
Je vais quitter ce terrestre séjour.
Je sens déjà se fermer ma paupière;
Ne pleurez pas; nous nous verrons un jour.

Partie d'Automne.

SEIZIÈME DIMANCHE APRÈS LA PENTECOTE.

Sanctification du Jour de Repos.

AIR *d'Octavie.*

Le monde était : une nouvelle aurore,
Après six jours de prodiges nouveaux,
Du créateur qui lui donna d'éclore,
Vient célébrer la gloire et le repos.
Dieu la bénit : il fixe la mémoire
De son repos en choisissant ce jour.
« De Dieu, mortel, à célébrer la gloire,
« De ce saint jour consacre le retour.
« Moi, le Seigneur, maître de la nature,
« Qui te confie aux célestes esprits,
« Oui, je le veux, homme, ma créature.
« Obéis-moi : je suis celui qui suis.
« Tu n'étais pas, quand mes mains radieuses
« Ont étendu l'immensité des cieux.
« Déjà roulaient les étoiles nombreuses;
« En vain ma voix t'appelait en tous lieux.
« Je te créai : célèbre ma puissance.
« Par ton repos célèbre mon repos.
« Honore-moi par ton obéissance :
« Suspends alors le cours de tes travaux.
« Vers l'Orient, quand paraît la lumière,
« Lève, mortel, tes suppliantes mains.

« Adresse-moi tes vœux et ta prière ;
« Je bénirai le séjour des humains.
« Obéis-moi : la céleste rosée
« T'enrichira par sa fécondité ;
« Ou de tes champs la moisson ruinée,
« Te punira de ta témérité. »
Le monde était : une nouvelle aurore,
Après six jours de prodiges nouveaux,
Du créateur qui lui donna d'éclore
Vient célébrer la gloire et le repos.
Pour Israël quand sa bonté suprême
Multipliait ses prodiges nouveaux,
Dans le désert, Dieu respecta lui-même,
En les cessant, le saint jour du repos.
Aussi la manne, ajoutant au prodige,
Se prodiguait la veille du sabbat :
Tu le savais, Israël, ton vertige
Le lendemain en vain la rechercha.
« Jusques à quand, Israël indocile,
« De mon repos violes-tu la loi ?
« Pour l'observer le ciel devient stérile !
« Est-il un peuple endurci plus que toi ?
« Qu'il meure lui, cet homme téméraire,
« Violateur de mes plus saintes lois.
« Frappé de mort, qu'il tombe sous la pierre :
« Dans le saint jour il a frappé le bois.
« Crains, Israël, crains ma juste vengeance ;
« Respecte enfin le jour de mon repos ;
« Si contre toi je tourne ma puissance,
« Malheur à toi, malheur à tes travaux !
« Quand mon courroux visitera la terre,
« De son ardeur il brûlera tes yeux :
« Il livrera ta moisson à la guerre,
« Tes ennemis seront victorieux !
« Par mon courroux la terre desséchée
« En vain aux cieux demandera les eaux.
« Le ciel de fer n'aura plus de rosée ;
« Et contre toi séviront mes fléaux. »

Le monde était : une nouvelle aurore,
Après six jours de prodiges nouveaux,
Du créateur qui lui donnait d'éclore
Vient célébrer la gloire et le repos.
Courroux de Dieu, si souvent ma patrie
De son bonheur a vu troubler le cours;
Si tes fléaux de maux l'ont investie,
N'a-t-elle pas violé les saints jours ?
Oui, Dieu puissant, notre foi le déplore;
Depuis long-temps ces jours sont méconnus.
Sous tes fléaux nous gémirons encore !
Ah ! les beaux jours de la foi ne sont plus !
Peuple chrétien, respecte la loi sainte
Qui consacra le jour de ton repos;
Viens avec nous prier dans cette enceinte;
Et le Seigneur bénira tes travaux.
Le monde était : une nouvelle aurore,
Après six jours de prodiges nouveaux,
Du créateur qui lui donna d'éclore
Vient célébrer la gloire et le repos.

Pour la Nativité de la Sainte-Vierge.

AIR : *J'aime à revoir ma Normandie, etc.*

Oh ! quand perceras-tu le voile
Et la nuit de quatre mille ans
Qui te cache, mystique étoile,
Aux regards des mortels errants ?
Parais, parais, douce lumière,
Espérance du voyageur;
Etoile bienfaisante éclaire
L'homme égaré dans la nuit de l'erreur.

Quand verrons-nous poindre l'aurore
De l'espérance et du bonheur ?
Tout Israël t'attend encore,
Mère destinée au sauveur.
La gloire d'Israël sommeille :
Tous les forts sont dans le tombeau ;
Ce repos, enfant de merveille,
Prélude-t-il à ton prochain berceau ?

Mais si le temps diffère l'heure
Qui doit amener ce beau jour,
C'est qu'il prépare une demeure
Au roi de la céleste cour.
Jamais sera-t-elle assez pure
Celle qui doit au roi des cieux
De l'homme prêter la nature,
Et captiver l'Esprit-Saint et ses feux.

Bientôt le soleil de justice
Eclairera cet univers.
Déjà l'auteur de la malice
Va se cacher dans les enfers.
O ciel ! l'Orient se colore
De l'éclat de ses plus beaux feux :
Je la vois paraître l'aurore
Que l'univers appelait de ses vœux.

Qu'il est beau, mortels, le spectacle
Que nous donne aujourd'hui le ciel !
Cette enfant est le tabernacle
Qu'attend le fils de l'Eternel ;
Des cieux, complaisamment penchée,
L'auguste et sainte Trinité
Sourit à son immaculée,
Vierge qu'envie au temps l'éternité !

Le père t'a déjà choisie
Pour fille du prince des cieux,
Et l'Esprit-Saint, tendre Marie,
Doit te féconder de ses feux.
De tes flancs Israël espère
Qu'il verra sortir son sauveur.
Du fils de Dieu tu seras mère,
Source de vie et de notre bonheur.

Comme la nuit devant l'aurore
Fuit redoutant le jour vainqueur,
A ton aspect, l'enfer dévore
Son désespoir et sa fureur.
A ses yeux tu parais armée
De mille traits victorieux,
Bientôt ta puissance vantée
Doit l'écraser et son prince orgueilleux.

O Vierge, étoile matinale,
Du jour précède le retour ;
Et sous ton ombre virginale
Couvre nous dans l'ardeur du jour.
Contre notre ennemi perfide,
Protège-nous, matin et soir :
Vierge, sois toujours notre égide,
Toujours nous espérons en ton pouvoir.

DIX-SEPTIÈME DIMANCHE APRÈS LA PENTECOTE.

Aimer Dieu c'est accomplir sa loi.

AIR : *Toujours, toujours, etc.*

« En vain, mortel, tu me dis : je vous aime,
« Tant que ton cœur deshonore ma loi ;
« En vain ta voix me dit : beauté suprême,
« Je vous chéris, quand tu démens ta foi.
« En vain ta voix me dit : je vous adore,
« Quand du péché tu prolonges le cours.
« Non, non, pécheur, tu n'aimes pas encore.
« Loin de m'aimer, tu m'outrages toujours,
« Toujours, toujours, tu m'outrages toujours.

« En vain ta voix, au lever de l'aurore,
« Me dit : mon Dieu, je vous donne mon cœur ;
« Pécheur, pécheur, si tu n'aimes encore
« De ma loi sainte et le joug et l'honneur.
« En vain, en vain, dans ton erreur profonde
« Tu crois avoir mon amour et la paix.
« Tant que ton cœur suivra les lois du monde,
« Non, non, ce cœur ne m'aimera jamais,
« Jamais, jamais, ne m'aimera jamais.

« L'amour, mon fils, s'abandonne à l'empire
« Qui l'a gagné par l'attrait de sa loi ;
« Et, si jamais sous ce joug il soupire,
« C'est pour donner des preuves de sa foi.
« Il ne vit plus que pour l'objet qu'il aime,
« De son empire il bénit tout le cours.
« Je vous entends, aimer, beauté suprême,
« Aimer, mon Dieu, c'est obéir toujours,
« Toujours, toujours, c'est obéir toujours. »

Exaltation de la Sainte-Croix.

AIR : *Quelle nouvelle et sainte ardeur, etc.*

La croix ! oui, ce gibet de bois
Planté par l'enfer en furie,
Perdit, au sang du roi des rois,
Sa primitive ignominie.

LE CHŒUR :

Gloire à la croix de Jésus mon sauveur :
    Etendons son empire !
Gloire au chrétien qui périt en vainqueur
    Et pour la croix expire !

La croix ! c'est un char triomphant
Où le fils du Dieu du tonnerre
Enchaîne, de son bras puissant,
Sujets, rois, et toute la terre.
Gloire, etc.

La croix ! c'est le prix des lauriers.
Cette récompense suprême
Brille sur le cœur des guerriers
Et sied au front royal lui-même.
Gloire, etc.

La croix nous sourit au berceau
Avec la divine espérance ;
Et, lorsque s'ouvre le tombeau,
Elle s'oppose à la vengeance.
Gloire, etc.

La croix ! des élus c'est le sceau,
Le ciel l'imprime à notre tête.
C'est le mât de notre vaisseau,
Embrassons-le dans la tempête.
Gloire, etc.

La croix ! ah ! c'est le tribunal
Choisi par le souverain juge :
C'est de là que l'arrêt fatal
Doit frapper le soldat transfuge.
Gloire, etc.

O croix toujours chère à mon cœur,
Ma foi de te porter est fière :
De ton espoir consolateur
Soutiens les leviers de ma bière.
Gloire, etc.

DIX-HUITIÈME DIMANCHE APRÈS LA PENTECOTE.

Dogme de la Rémission des Péchés.

AIR : *Le visage teint, etc.*

Oui, le Dieu sauveur
Envoyé par l'amour du père
A l'homme pécheur,
Pardonnait en marchant la terre.
Mais devant un jour
Quitter ce séjour,
Il fit le prêtre légataire
De la puissance du Calvaire.

Le prêtre au pécheur rend, avec Jésus,
Ses droits aux cieux qu'il avait perdus.

Jésus pardonnait,
Au nom de son pouvoir suprême ;
Et l'orgueil voyait,
Dans ce doux pardon, un blasphême.
Le Dieu de la croix
Délègue ses droits.
Contre l'église, avec furie,
L'incrédulité se récrie.
Le prêtre, etc.

Jésus des docteurs
Frappant les yeux par un miracle,
Prouvait des pasteurs
Les mêmes droits par ce spectacle.
Le Dieu de la croix
Vengeait à la fois
Ses droits et ceux de ses apôtres.
Prêtres ce sont aussi les vôtres.
Le prêtre, etc.

Il sauva l'espoir,
Il sourit à la pénitence,
Et par son pouvoir
Força les docteurs au silence.
Mais des imposteurs,
D'orgueilleux docteurs
Lançant les traits de l'hérésie,
Percent leur mère avec furie.
Le prêtre, etc.

L'église à son choix
Fait le prêtre dépositaire
Des précieux droits
Qu'elle tient du Dieu du Calvaire.

Mais l'impiété
De témérité
Accuse sa douce puissance
Qui pardonne à la pénitence.
Le prêtre, etc.

« Sur la fausse paix
« Redit l'indocile hérésie,
« Et sur ses forfaits
« Se rassure l'âme endormie.
« Le prêtre au pécheur
« (Dangereuse erreur)!
« De pardonner ayant l'audace,
« Sans droits de son Dieu prend la place. »
Le prêtre, etc.

Ces droits sont connus,
Quoique murmure l'hérésie,
Au nom de Jésus
L'Eglise au prêtre les confie.
Au pécheur touché
S'il a pardonné,
Et s'il a rendu l'espérance,
Il lui fait craindre la vengeance,
Le prêtre, etc.

« Pécheur, espérez,
« De Dieu c'est la volonté sainte ;
« Mais encor tremblez ;
« Oui, vivez, toujours dans la crainte.
« Sans sécurité
« Pleurez le passez,
« Du pardon ayez l'espérance ;
« Qui peut en donner l'assurance ? »
Le prêtre, etc.

« Que dans votre cœur
« Chaque jour croisse l'espérance,
« Si votre douleur
« Entretient la persévérance.
« Au constant retour
« Oui, le Dieu d'amour
« Promet la couronne éternelle.
« Pour l'obtenir soyez fidelle. »
Le prêtre au pécheur rend, avec Jésus,
Ses droits aux cieux qu'il avait perdus.

DIX-NEUVIÈME DIMANCHE APRÈS LA PENTECOTE

Sur la Prédestination.

AIR : *Nous n'avons qu'un temps à vivre, etc.*

Pour s'étourdir on raisonne
Sur le dogme des élus.
Ce qu'on sème on le moissonne.
Mortels, ne raisonnons plus.
Oui, la voix de Dieu nous appelle
Au bonheur de l'éternité;
Mais à son Dieu s'il n'est fidelle,
L'homme perd la félicité.
    Pour s'étourdir, etc.

Au repentir si Dieu pardonne,
Le pécheur peut-il y compter?
Pour avoir droit à la couronne,
Il faut toujours persévérer.
    Pour s'étourdir, etc.

« Jésus a pu sur le calvaire
« Au bon larron ouvrir le ciel; »

— Approuve-t-il le téméraire.
Par cet exemple solennel ?
    Pour s'étourdir, etc.

Le Seigneur a prévu sans doute
Sur nos œuvres notre avenir.
Si du ciel nous quittons la route,
Ne nous faudra-t-il pas périr ?
    Pour s'étourdir, etc.

La justice dans la balance
A trouvé le poids de la mort,
Quand vient la fatale sentence
Du coupable arrêter le sort.
    Pour s'étourdir, etc.

Quand le Seigneur nous prédestine,
Nos mérites lui sont connus ;
Mais la connaissance divine
Enfante-t-elle les élus ?
    Pour s'étourdir, etc.

Aujourd'hui sa justice trouve
Le pécheur au crime livré ;
S'il le condamne et le réprouve,
Etait-ce donc sa volonté ?
    Pour s'étourdir, etc.

Du Seigneur cultivons la grâce ;
C'est elle qui fait les vertus.
Le repentir trouve sa place
Parmi le nombre des élus.
    Pour s'étourdir on raisonne
    Sur le dogme des élus.
    Ce qu'on sème, on le moissonne.
    Mortels, ne raisonnons plus.

SS. Anges, et saint Michel-Archange.

Air : *O Roi des cieux, etc.*

Anges des cieux,
Esprits purs et glorieux,
O chœurs victorieux,
Combattez avec nous dans ces bas lieux.
L'ennemi jaloux,
Autour de nous,
Frémit de rage et prépare ses coups.
Triomphera-t-il
De notre exil?
Venez nous secourir dans le péril.
Anges des cieux, etc.

Ennemi cruel,
Il veut du ciel
Ravir l'espoir au malheureux mortel!
Anges, faites voir
Votre pouvoir
Pour mon bonheur et pour son désespoir.
Anges des cieux, etc.

Ciel! de sa fureur,
Le cri vainqueur,
Toujours annonce un éternel malheur.
D'un frère immolé
Sa cruauté
Chante la mort avec félicité.
Anges des cieux, etc.

« Je l'ai dévoré
« Ce bien-aimé
« Qui pour le ciel se croyait destiné.

« Anges des enfers,
« Forgez des fers,
« A mon pouvoir soumettez l'univers. »
Anges des cieux, etc.

« Renversés du ciel
« Par l'Eternel,
« Verrons-nous sur notre trône un mortel?
« Quoi! l'homme vainqueur
« A mon malheur
« Insulterait fier de mon déshonneur! »
Anges des cieux, etc.

« Le faible mortel
« Roi dans le ciel!
« Et nous en proie au malheur éternel!
« Non! du créateur
« Le bras vengeur
« Ne m'ôta pas l'espoir d'être vainqueur. »
Anges des cieux, etc.

Ah! si Lucifer,
Cet ange fier,
Lance sur moi tous les traits de l'enfer;
Toujours attaqué,
Toujours pressé,
Hélas! ne serai-je pas terrassé?
Anges des cieux, etc.

Votre tendre amour,
Céleste cour,
Me défendra contre lui nuit et jour.
Et vous dont le fer
De Lucifer
Frappa l'orgueil, vous confondrez l'enfer.
Anges des cieux, etc.

Déjà confondu,
Déjà vaincu,
L'ennemi redoute votre vertu.
Devant vous il fuit,
Tremble, frémit,
Et rentre au sein de l'éternelle nuit.
Anges des cieux, etc.

Oh! puissé-je un jour,
Au Dieu d'amour,
Chanter gloire avec vous céleste cour!
Oui, fidelle aux lois
Du roi des rois,
Puissé-je à vos accents mêler ma voix!
Anges des cieux,
Esprits purs et glorieux,
O chœurs victorieux,
Combattez avec nous dans ces bas lieux.

VINGTIÈME DIMANCHE APRÈS LA PENTECOTE.

VOYEZ L'ONZIÈME.

Fête de la Dédicace.

AIR : *Ah! si je dois mourir, etc.*

Est-il donc vrai que le Dieu du tonnerre,
Pour les mortels épris d'un tendre amour,
Daigne avec eux habiter sur la terre
Et partager leurs heures nuit et jour?

Oui, de ce temple il a fait sa demeure
Le Dieu puissant qui règne dans les cieux.
Ici la foi le retrouve à toute heure,
Et dans son cœur peut déposer ses vœux.
  Mortels, prosternez-vous
  Devant le sanctuaire.
  Ce Dieu c'est votre père,
  Tombez à ses genoux.

Quand de Sion le temple magnifique
Se préparait sous l'habile ciseau,
Jamais l'écho du fastueux portique
Ne retentit d'un seul coup de marteau.
Par ce respect préludait le silence
Au jour heureux où le roi de Sion
De Jéhovah célébrant la puissance,
Sous cette voûte invoquerait son nom.
  Mortels, etc.

Si du Très-Haut la puissance invoquée
Remplit d'éclat Sion et ses parvis ;
Ici d'un Dieu la majesté voilée
Voit à ses pieds les Séraphins ravis.
Si l'Eternel d'un rayon de sa gloire
Frappa les yeux des enfants de Sion ;
Ici son fils a fixé sa mémoire.
Oui, de ce temple il a fait sa maison.
  Mortels, etc.

De l'Eternel tour-à-tour la vengeance
Sur Israël signalait le saint nom,
Et tour à tour à ses pleurs la clémence
De ses erreurs accordait le pardon.
Là de ses droits l'éternelle justice
Fait l'abandon et s'allie à la paix.
Là l'Eternel à nos larmes propice,
Au repentir ne résiste jamais.
  Mortels, etc.

Ici, mon Dieu, dans ce modeste temple,
De ton amour qui n'a vu le pouvoir?
Ici la foi t'admire, te contemple
Et se nourrit des charmes de l'espoir.
Que de bienfaits! ô ciel, quelle tendresse
Rappelle au cœur cet aimable séjour!
Ici ta main nous prodigue sans cesse
De tendres soins et les dons de l'amour.
   Mortels, etc.

Près de ces fonts, comme une tendre mère,
Tu me portas, Seigneur, entre tes bras.
Tu me remplis de grâce et de lumière,
Pour ton enfant, mon Dieu, tu m'adoptas!
Puis sur ton sein, de ta sainte doctrine,
Avec le lait je suçai les vertus,
La foi, l'amour, l'espérance divine,
Célestes dons et faveurs des élus.
   Mortels, etc.

O saint autel, je sens à ta présence
Se dilater et palpiter mon cœur,
Témoin sacré des vœux de mon enfance,
Tu me redis les jours de mon bonheur.
Combien de fois, absous d'un tendre père,
De tes douceurs j'énivrai tous mes sens!
A ton aspect, ô charmant sanctuaire,
Ma voix ne peut dire ce que je sens.
   Mortels, etc.

De tes bienfaits, ah! qui perd la mémoire,
D'un triple acier s'est entouré le cœur.
Pour moi, mon Dieu, je veux chanter ta gloire
Dans cet asile ouvert pour mon bonheur.
Donne à mon cœur la crainte salutaire
Des Séraphins et leurs célestes feux.

Je veux pour toi brûler au sanctuaire :
C'est la maison, c'est la porte des cieux.
Mortels, prosternez-vous
Devant le sanctuaire.
Ce Dieu c'est votre père,
Tombez à ses genoux.

VINGT-ET-UNIÈME DIMANCHE APRÈS LA PENTECOTE.

VOYEZ LES CINQUIÈME ET HUITIÈME DIMANCHES.

Saint Nicaise et saint Mellon.

VOYEZ LE COMMUN DES APÔTRES.

VINGT-DEUXIÈME DIMANCHE APRÈS LA PENTECOTE.

VOYEZ LE TROISIÈME DIMANCHE APRÈS PAQUES.

Fête de saint Romain, évêque de Rouen.

AIR : *J'aime à revoir ma Normandie, etc.*

Rouen, sous une voûte antique,
Révère un pontife pieux.
Du temple inondant le portique,
La foule invoque là les cieux.

Sur le tombeau d'un tendre père,
Peuple, venez jeter des fleurs.
Celui qu'en ce temple on révère,
Dans les cieux brille au milieu des pasteurs.

Fruit de l'ardeur de la prière
Et récompense de la foi,
Romain suce, au sein de sa mère,
L'amour de la divine loi.
Sur le tombeau, etc.

De la vertu brillant exemple,
Au milieu du luxe des rois,
Il brûle à la cour comme au temple
Du zèle des divines lois.
Sur le tombeau, etc.

Elu de Dieu, sa voix t'appelle.
Des rois mortels quitte la cour;
Du roi de la ville éternelle
Propage le règne et l'amour.
Sur le tombeau, etc.

Fuyez, divinité honteuse,
Rentrez dans votre vil néant.
De Romain la foi généreuse
S'avance au nom du Tout-Puissant.
Sur le tombeau, etc.

Il voit, ô désolant spectacle !
Son peuple envahit par les eaux.
Comme Jésus, par un miracle,
S'il pouvait commander aux flots !...
Sur le tombeau, etc.

A la foi tout devient facile :
La voix de Romain retentit :

Il commande, et l'onde docile
Se retire et rentre en son lit.
Sur le tombeau, etc.

Combien de fois sa main tremblante
Eleva, pour son cher troupeau,
Vers les cieux, la coupe brillante
Qu'enrichit le sang de l'agneau !
Sur le tombeau, etc.

Dieu t'appelle aux cieux, tendre père,
Pour te couronner de ses mains ;
Mais si tu quittes cette terre
Tu prieras pour tes orphelins.
Sur le tombeau d'un tendre père,
Peuple, venez jeter des fleurs.
Celui qu'en ce temple on révère,
Dans les cieux brille au milieu des pasteurs.

VINGT-TROISIÈME DIMANCHE APRÈS LA PENTECOTE.

Mort de l'Esclave du Monde.

Air d'Octavie.

« Assis à peine au banquet de la vie,
« J'ai bu la coupe, et voilà que je meurs !
« Je meurs ! adieu, séduisante féerie ;
« Sur mon tombeau versera-t-on des pleurs ?
« Je meurs hélas ! et de ma voix plaintive
« L'air en passant dissipe le vain bruit.

« De mon bonheur à jamais fugitive,
« Sans nul retour l'heure s'évanouit.
« Je meurs hélas! au printemps de la vie,
« Etincelant d'un essaim de désirs!
« Comme une fleur mon âme s'est flétrie
« Quand j'effleurais la coupe des plaisirs.
« Je meurs! le mal me brise, me consume;
« Avec effort il torture mes os.
« De l'art mon cœur repousse l'amertume.
« En vain l'on cherche à soulager mes maux.
« Le jour s'enfuit... le reverrai-je encore?
« Mon cœur s'en va! je cherche en vain ma voix!
« Charme des cieux, délicieuse aurore,
« Pourrai-je encor te revoir une fois?..
« Mais non; la mort de ses serres cruelles
« Va me saisir au milieu de la nuit!
« Je vais mourir! » Ainsi les hirondelles
Sous le vautour poussent un dernier cri.
Monde, il n'est plus! monde, sur la poussière
De son tombeau viens-tu pleurer toujours?
Monde oublieux, l'astre qui nous éclaire,
T'y verra-t-il une fois dans son cours?
« Assis à peine au banquet de la vie,
« J'ai bu la coupe, et voilà que je meurs!
« Je meurs! adieu, séduisante féerie;
« Sur mon tombeau versera-t-on des pleurs? »
Religion, pleure cette victime
Que fit le monde en lui jetant des fleurs.
Si tu pouvais l'arracher à l'abîme!!!..
Donne toujours; donne lui quelques pleurs.
« Assis à peine au banquet de la vie,
« J'ai bu la coupe, et voilà que je meurs!
« Je meurs, adieu, séduisante féerie;
« Sur mon tombeau versera-t-on des pleurs?...

VINGT-QUATRIÈME DIMANCHE APRÈS LA PENTECOTE.

VOYEZ LE TROISIÈME DIMANCHE APRÈS L'ÉPIPHANIE.

Fête de tous les Saints.

Air : *Loin des Châlets, etc.*

Loin de toi, cité de lumière,
Loin de toi, charmante Sion,
Ma voix sur la terre étrangère
Aime à redire ton doux nom.
Ce jour sacré, ravissante patrie,
Plus que jamais enflamme mes désirs.
Loin de tes murs, ô ma cité chérie,
Dans mon exil (je m'exhale en soupirs! *(bis)*.
   De tes parvis, ô cité,
   Quand verrai-je la beauté?
Belle Sion, quand mon âme ravie
   Dans ton sein désiré
S'unira-t-elle au Dieu de vérité? *(bis)*.

En ce beau jour quelle allégresse
Réfléchit l'or de tes parvis!
Un Dieu prodigue de tendresse
Se livre à tes enfants chéris!
Ce jour sacré, etc.

Je vois l'auréole de gloire
Couronner le front des élus.
Ils chantent tous, honneur, victoire,
Ivres de joie, au Dieu Jésus.
Ce jour sacré, etc.

Une virginale lumière
Et les nuances de l'iris
De l'agneau mort sur le calvaire
Ceignent le trône orné de lis.
Ce jour sacré, etc.

O ciel! quelle riche ceinture
Sur son cœur blessé par l'amour!
Non, jamais lumière plus pure
Ne brilla dans le plus beau jour!
Ce jour sacré, etc.

De ses lèvres le doux sourire
Porte le bonheur dans les cœurs.
Loin, loin de cet heureux empire
Les désirs, les soupirs, les pleurs!
Ce jour sacré, etc.

Salut, ô divine Marie,
Reine de la belle cité,
Que de gloire, ô mère chérie,
Te prodigue la Trinité!
Ce jour sacré, etc.

Du sein de la gloire, heureux frères,
Veillez sur nous dans notre exil.
A Dieu présentez nos prières.
Secourez-nous dans le péril.
Ce jour sacré, etc.

Commémoration des Fidelles Trépassés.

Air : *Sur la neige de la montagne, etc.*

Quelle voix lugubre et plaintive
En ce jour réveille ma foi !
Et par tristes sanglots arrive
D'un séjour éloigné de moi.
Hélas ! c'est la voix de nos pères
En proie au céleste courroux !
Ecoutons : ils disent : « ô frères, *bis*)
« O vous du moins, priez pour nous.
« O vous du moins (*bis*), priez pour nous !

« Loin du bonheur et dans les larmes,
« Dans les flammes du repentir,
« Loin du Seigneur et de ses charmes
« Se prolonge notre avenir.
« En vain de Dieu par nos prières
« Nous importunons le courroux.
« Vous du moins, écoutez (ô frères, *bis*)
« O nos amis, priez pour nous !
« O nos amis (*bis*), priez pour nous !

« Qu'ils sont brillants tes tabernacles !
« Qu'ils sont beaux ! ô Dieu de Sion.
« Comme des perles, les miracles
« Etincellent dans ta maison.
« Pardonne !..... mais non, nos prières
« Ne peuvent rien sur ton courroux.
« Vous du moins, écoutez (ô frères, *bis*)
« O nos amis, priez pour nous !
« O nos amis (*bis*), priez pour nous !

« Le feu du désir nous dévore,
« Feu mille fois plus douloureux
« Et mille fois plus vif encore
« Que celui qui brille à vos yeux.
« Vous qui pouvez par vos prières
« De Dieu désarmer le courroux,
« Vous du moins, écoutez (ô frères, *bis*)
« O nos amis, priez pour nous !
« O nos amis (*bis*), priez pour nous ! »

Chrétien, de l'éternelle gloire
Vous pouvez nous ouvrir le sein.
Priez !.. Jamais notre mémoire
N'oubliera ce bienfait divin.
Si le ciel brave nos prières,
S'il persiste dans son courroux ;
Vous du moins, écoutez (ô frères, *bis*)
O nos amis, priez pour nous !
O nos amis (*bis*), priez pour nous !

VINGT-CINQUIÈME DIMANCHE APRÈS LA PENTECOTE.

VOYEZ LE QUATRIÈME APRÈS L'ÉPIPHANIE.

Fête des Saintes Reliques.

AIR : *D'être enfants de Marie*, etc.

A la mort tout succombe ;
  Mais le roi des cieux
Nous révèle la tombe
  De ses bienheureux.

Chantons la victoire
De ces grands élus;
Et rendons tous gloire ⎫
Au Dieu des vertus. ⎭ *bis.*

Dieu même glorifie
  Au sein du tombeau,
Leur dépouille enrichie
  Du sang de l'agneau.
  Chantons, etc.

Partageons leur suaire,
  Comme un vrai trésor.
Recueillons leur poussière
  Plus riche que l'or.
  Chantons, etc.

Vengé par des miracles,
  Des coups de la mort,
Le corps de ces oracles
  Prophétise encor.
  Chantons, etc.

Quand le ciel nous afflige
  D'un nouveau fléau;
Pour leur gloire un prodige
  Jaillit du tombeau.
  Chantons, etc.

O mon Dieu, que de gloire!
  Jusqu'à tes autels
Tu portes leur mémoire
  Et leurs cœurs mortels.
  Chantons, etc.

Sur leur cendre chérie
  Repose l'agneau.

Oui, le Dieu de la vie
　Aime leur tombeau.
　Chantons, etc.

Quand verrons-nous paraître
　Ce jour glorieux
Où tu feras renaître
　Leur corps pour les cieux ?
　Chantons, etc.

« Qu'en la tombe il sommeille
　« Encor quelque temps.
« De la chair vermeille
　« Viendra le printemps. »
　Chantons, etc.

Grand Dieu, de la poussière
　Quand nous renaîtrons,
Sur nous de leur lumière
　Verse les rayons.
　Chantons la victoire
　De ces grands élus.
　Et rendons tous gloire } bis.
　Au Dieu des vertus.

VINGT-SIXIÈME DIMANCHE APRÈS LA PENTECOTE.

Sur l'Enfer.

Air des adieux de Marie Stuart.

Toujours, toujours, sans espérance,
　Pâture de tes feux,

Enfer, ô fléau de vengeance,
Hélas ! je brûle loin des cieux.
  Toujours, sans espérance,
  O fléau de vengeance,
Hélas ! je brûle loin des cieux !
  Je brûle loin des cieux,
  Je brûle loin des cieux ! FIN.

Brasiers dont le feu me dévore
Avec mes inutiles pleurs,
Demain durerez-vous encore ?
Est-ce enfin demain que je meurs ?
Les siècles passent comme une heure ;
Et pour moi jamais de repos !
En vain je souffre, en vain je pleure !
Combien donc dureront mes maux ?
  Toujours, toujours !

REPRISE :

Toujours, toujours, sans espérance, etc.

Jamais, jamais, douce rosée
Tu ne viens rafraîchir mes yeux.
J'envie au lis de la vallée,
En vain, l'eau qu'il reçoit des cieux.
Cent fois ma chair s'est consumée,
Et cent fois pour de nouveaux maux,
Dans le feu s'est renouvelée !
Quand donc aurai-je du repos ?
  Jamais, jamais,

REPRISE :

Toujours, toujours, sans espérance, etc.

Adieu, beau ciel, ô ma patrie !
Quel enfer que ton souvenir !

Avec toi j'ai perdu la vie,
Une éternité de plaisir!!!
Loin de toi je souffre et je pleure.
Si je pouvais m'anéantir!!!...
Non! Dieu ne veut pas que je meure.
Eternel est mon avenir!
  Adieu, adieu!

REPRISE :

Toujours, toujours, sans espérance, etc.

VINGT-SEPTIÈME DIMANCHE APRÈS LA PENTECOTE.

VOYEZ LE SIXIÈME DIMANCHE APRÈS L'ÉPIPHANIE.

Présentation de la Sainte-Vierge.

AIR : *Tu nous quittas, etc.*

Viens du Liban, viens, ô ma bien-aimée,
Prête l'oreille aux accents de ma voix.
Viens commencer ta noble destinée
Et préparer ton sein au roi des rois.
 Oui, viens des cieux fille chérie,
Viens habiter avec moi ce saint lieu.
 Laisse ton père et ta patrie,
  Et ta patrie,
  Pour t'unir à ton Dieu.

A ton aspect, l'hyver s'enfuit, Marie!
Ma bien-aimée est la reine des fleurs :

C'est le parfum de la vigne fleurie :
C'est un printemps qui charme tous les cœurs.
    Oui, viens, etc.

J'entends déjà la tendre tourterelle
Unir sa voix au chantre du printemps.
Plus belle encor ta voix, vierge fidelle,
De Dieu vaincra le cœur dans tous les temps.
    Oui, viens, etc.

La vigne pleure, et ses limpides larmes
De l'onde pure effacent le cristal.
Plus pur encor, fille pleine de charmes,
Ton sang distille un parfum virginal.
    Oui, viens, etc.

C'est de ces pleurs que la vigne féconde
Nourrit son cep, ses fleurs et son espoir :
C'est par ton sang que le maître du monde
De son amour montrera le pouvoir.
    Oui, viens, etc.

Viens, des mortels, viens, ô douce espérance,
Viens croître à l'ombre, à l'abri des autels.
Viens te donner à moi dès ton enfance,
Voici le jour de nos nœuds solennels.
    Oui, viens des cieux fille chérie,
Viens habiter avec moi ce saint lieu.
    Laisse ton père et ta patrie,
        Et ta patrie,
    Pour l'unir à ton Dieu.

VINGT-HUITIÈME DIMANCHE APRÈS LA PENTECOTE.

Sur le Jugement dernier.

AIR : *Le cor retentit dans les airs.*

ET AUTRES AIRS.

Des cieux frappés par la fureur
La dernière lueur expire.
L'impie a frémi dans son cœur ;
Il a reconnu son délire.
De ce jour il brava la foi,
Insultant au dieu de justice.
L'éternité reste à la loi
Qui va prononcer son supplice. } *bis.*

Le ciel s'ouvre, paraît la croix,
Immense, lumineuse, fière !
Jésus la porte. Ah ! cette fois
Il s'avance en juge sévère !
Autour de son front radieux
Brille l'auréole de gloire.
Des voix puissantes par les cieux
Répètent ces cris de victoire. } *bis.*

« Le règne du monde est passé.
« Tremblez, corrupteurs de la terre.
« Celui du Christ a succédé,
« Il vient au bruit de son tonnerre.
« Des vengeurs le jour fatal
« Va commencer votre supplice.
« Jésus est sur son tribunal !
« Debout, entendez sa justice ! } *bis.*

« Allez, maudits au sein des feux
« De mes éternelles vengeances.
« J'ai souvent été malheureux ;
« Vous avez ri de mes souffrances.
« Oui, votre frère mille fois
« En mon nom vous fit sa prière ;
« Vous avez rejeté sa voix, ⎫
« Insensibles à sa misère. ⎭ *bis.*

« Mais vous, ô les enfants bénis,
« Enfants bien-aimés de mon père,
« A jamais à moi réunis,
« Régnez au sein de la lumière.
« Vous avez su dans le malheur
« Toujours soulager ma souffrance.
« Le pauvre vous doit son bonheur ; ⎫
« Moi je vous dois la récompense. » ⎭ *bis.*

Gloire à vos jugements, Seigneur !
Gloire aux livres de la justice !
Qu'à la trois fois sainte rigueur
Toute créature applaudisse !
Juste, vois briller le beau jour
D'une éternité sans nuage.
Pécheur, de l'infernal séjour ⎫
Vois les horreurs et ton partage ! ⎭ *bis.*

Grand Dieu ! quel terrible avenir
Nous prépare votre justice !
Puissé-je, par mon repentir,
Eviter l'éternel supplice !
Qui pourrait éviter le jour
Que redoute l'âme infidèle ?
Telle à la serre du vautour ⎫
Voudrait échapper l'hirondelle. ⎭ *bis.*

Deuxième Partie.

CANTIQUES

Pour la Première Communion et la Confirmation.

Pendant la Retraite.

1º Invitation à la Pénitence, page. 16
2º Cantique sur la Mort de l'Esclave du Monde. . . 178
3º Cantique sur la Mort du Juste. 156
4º Jugement Particulier. 134
5º Jugement Dernier. 189
6º Sur l'Enfer. 185
7º Sur la Miséricorde de Dieu. 111
8º Sur la Rémission des Péchés. 76
9º Sur l'Espérance. 37
10º Sur la Contrition. On ne chante que les deux pre-
    mières strophes. 57
11º Sur la Présence Réelle. 104

Pendant la Messe de chaque jour de la Retraite.

Air à volonté, ou, viens, viens à moi, etc.

Pendant que le Prêtre revêt les ornements sacrés, et jusqu'au KYRIE.

Descends des cieux, ô divine victime,
Viens ici bas habiter avec nous.
Viens effacer les souillures du crime
Et du Très-Haut désarmer le courroux. *(bis)*.

Un jour, au sein de la vierge Marie,
Tu revêtis notre humble humanité.
Viens, renouvelle aujourd'hui dans l'hostie
Ton sacrifice et ton humilité.

Combien de fois du monde déicide
L'impiété provoqua le Très-Haut !
Autant de fois tu lui servis d'égide
Sur nos autels t'immolant de nouveau.

Distille, ô ciel, ta féconde rosée
Et fais germer le Dieu de nos autels.
Ouvre tes flancs, ô mystique nuée,
Donne passage à l'espoir des mortels.

Embrâsez-vous, jetez de vives flammes,
Flambeaux sacrés, éclairez ce saint lieu.
Le fils de Dieu vient éclairer nos âmes
Et de l'amour leur inspirer le feu.

Et'moi, mortel, pécheur, cendre, poussière,
Puis-je rester devant le roi des cieux,
Etre témoin de l'auguste mystère?
Dieu, purifie et mon cœur et mes yeux,

AU KYRIE.

AIR : *Fleuve du Tage, etc.*

Dieu de lumière,
Ah! prends pitié de moi.
En toi j'espère;
Mais augmente ma foi.
Maître et juge du monde,
A ma crainte profonde,
A ma douleur,
Pardonne, doux Sauveur.

LE GLORIA IN EXCELSIS.

Dieu me pardonne!
Gloire au plus haut des cieux!
O ciel! rayonne
De l'éclat de tes feux.
Réunissez, saints anges,
Vos voix à mes louanges,
Et tour-à-tour
Chantons le Dieu d'amour.

Paix sur la terre :
Homme, fuis le péché.
De Dieu, ton père,
Cherche la volonté.
Ah! viens dans cette enceinte
Entendre sa loi sainte
Et ses bienfaits
Combleront tes souhaits.

Dépositaire
Du don de vérité,

O prêtre, éclaire
Mon incrédulité.
Apprends à mon enfance
La divine science.
 Conserve-moi
Le flambeau de la foi.

S'il y a sermon, l'on s'arrête ici.

AU CREDO.

Je crois au père,
C'est lui qui m'a créé.
Sur le calvaire,
Le fils m'a racheté.
Une Vierge féconde,
Pour le salut du monde,
 De l'Esprit-Saint
Conçut ce fruit divin.

 La terre et l'onde
Doivent bientôt passer.
 Maître du monde,
Dieu viendra le juger.
Prévenons sa justice ;
Offrons le sacrifice :
 Que cet autel
Désarme l'Eternel.

A L'OFFRANDE.

Bénis, ô prêtre,
Et l'offrande et mes vœux,
 Et fais renaître
Jésus, le roi des cieux.

Reproduis le mystère
Où le Dieu du calvaire,
Près de mourir
Fixa son souvenir.

PENDANT LA PRÉFACE.

O chœurs des anges
Redoublez vos accents,
A vos louanges
Mêlez le pur encens.
Bientôt ce sanctuaire
Va briller de lumière.
Le ciel entier
Va bientôt l'habiter.

Silence, terre,
Mortels, prosternez-vous.
Oh! quel mystère!
Prêtre, tremble avec nous.
Parle, donne la vie,
Parle, anime l'hostie.
Je vois Jésus
Sous le pain qui n'est plus.

A L'ÉLÉVATION.

O pain de vie,
O fils du Tout-Puissant,
Divine hostie,
Je t'adore en tremblant.
Comme sur le calvaire,
Tu t'offres à ton père,
Pour le pécheur,
O tendre, ô doux sauveur!

O beau calice,
O sang du roi des rois,
Que la justice
Fit couler sur la croix !
L'enfer me presse encore ;
O Dieu fort, je t'implore ;
Ah ! sois toujours
Ma force et mon secours.

APRÈS L'ÉLÉVATION DU CALICE.

Reçois, ô père
Qui règne dans les cieux,
Et ma prière
Et ce sang précieux.
Jamais nul sacrifice
N'offrit à ta justice
Un sang plus beau
Que ce divin agneau.

Que sa présence,
Sur l'autel de l'encens,
De ta vengeance
Brise les traits ardents.
Mon cœur plein d'espérance
Implore ta clémence,
Et nuit et jour
Compte sur ton amour.

MEMENTO DES MORTS.

De tes victimes,
Seigneur, j'entends les cris.
Dans des abîmes
Gémissent tes amis.

Par la divine hostie
Qui leur rendit la vie,
    Sèche leurs pleurs,
Mets fin à leurs douleurs.

    A la lumière,
A la paix de Sion
    Admis, bon père,
Ils béniront ton nom.
Un jour reçu moi-même
Par ta bonté suprême,
    Dans ton séjour
Je louerai ton amour.

    Quand viendra l'heure
Où quittant ce bas lieu,
    Dans sa demeure
J'adorerai mon Dieu?
Sur la terre étrangère
Protège-moi, bon père,
    Et sous ta loi
Assujétis ma foi.

LE PATER.

    Sous ton empire
Je veux vivre et mourir.
    Au ciel j'aspire,
Mais pour te mieux servir.
Donne le pain de vie
A mon âme affaiblie.
    De tout danger
Daigne me délivrer.

    O pain de vie,
Avec toi je suis fort,

Et je défie
Et l'enfer et la mort,
Comme un lion terrible
Ta force irrésistible,
Repousse, abat
L'enfer qui me combat.

A LA COMMUNION.

Viens dans mon âme,
O Jésus, mon sauveur,
Mon cœur s'enflamme
De désir et d'ardeur.
Avec nous tu demeures
Et tu charmes les heures
Du cœur épris
De tes sacrés parvis.

Amour et gloire
A Jésus, mon sauveur;
Que sa mémoire
Se grave dans mon cœur.
Heureux, pour son empire
Qui sans cesse soupire!
Il peut mourir
Sans craindre l'avenir.

Premier Cantique avant la Messe du Jour.

AIR : *Ave Maria, car voici l'heure sainte, etc.*

Quand viendra Jesus ?
Nuit et jour je soupire
Pour son empire.
Quand viendra Jésus ?

Déjà de l'aurore
J'ai vu le retour.
Du Dieu que j'implore
N'est-ce pas le jour ?
Quand, etc.

Un ami sincère
M'a dit qu'aujourd'hui
La plus tendre mère
Viendrait avec lui.
Quand, etc.

Oui, toujours j'espère ;
Venez m'éclairer,
O Dieu de lumière,
Et me diriger.
Quand, etc.

O Dieu de puissance,
Soyez mon pouvoir.
De mon innocence
Vous êtes l'espoir.
Quand, etc.

O Dieu de sagesse,
De votre secours
Aidez ma faiblesse,
Guidez-moi toujours.
Quand, etc.

La brebis fidelle,
Chère à votre cœur,
Toujours vous appelle,
Venez, bon pasteur.
Quand, etc.

Votre bien-aimée,
O divin époux,
D'ardeur embrasée
Soupire après vous.
Quand, etc.

De langueur j'expire,
S'il faut qu'en ce jour,
En vain je soupire
Après mon amour.
Mais voici Jésus,
Car j'entends sonner l'heure
A la demeure
Du Dieu des vertus.

Deuxième Cantique. Immédiatement avant la Messe.

AIR *Au point du jour*.

O le beau jour
Que j'entrevois! quelle douce lumière!
C'est l'aurore du Dieu d'amour
Qui pénètre dans ce séjour.
Mon cœur vibre, palpite, espère.
    O le beau jour! *(bis)*.

O le beau jour
Depuis long-temps désiré de mon âme!
Anges de la céleste cour,
Comme vous, je brûle d'amour.
D'un feu sacré mon cœur s'enflamme.
    O le beau jour *(bis)*.

O le beau jour!
C'est le printemps de ma jeune espérance.
L'encens qui brûle en ce séjour,
S'élève vers le Dieu d'amour.
Avec l'espoir de mon enfance.
    O le beau jour! *(bis)*.

O le beau jour!
C'est le parfum de la rose vermeille
Dont le charme fixe l'amour
Et sait commander le retour
Du cœur virginal de l'abeille.
    O le beau jour! *(bis)*.

O le beau jour!
Ne tardez plus, bien-aimé de mon âme;

Des cieux oubliez le séjour.
Venez couronner mon amour.
Pour vous mon cœur est tout de flamme.
  O le beau jour ! *(bis)*.

  O le beau jour !
Mon doux Jésus, l'ami le plus sincère,
 Suivi de la céleste cour,
Cède aux soupirs de mon amour.
Mon cœur devient son sanctuaire.
  O le beau jour ! *(bis)*.

Premier Cantique après la Messe.

AIR : *Où peut-on être mieux ?*

 J'ai trouvé le bonheur *(bis)* :
 Que ce jour a de charmes !
 Jésus est dans mon cœur *(bis)* :
 Ah ! coulez, douces larmes.
Chantons, réunissant nos voix :
Amour, triomphe au roi des rois.
  En ce beau jour,
  A son amour, } *bis.*
 Payons tous un retour.

 Enfin je l'ai trouvé *(bis)*
 Le Dieu de ma tendresse.
 Je tiens mon bien-aimé *(bis)*,
 Sur mon cœur je le presse.

Aujourd'hui commence le cours
De mes plus fidelles amours.
  Oui, roi des cieux,
  Je suis heureux,
Embrâsé de vos feux.

  Oui, je tiens mon sauveur *(bis)* :
  C'est mon heureux partage.
  Qu'il reste dans mon cœur *(bis)*.
  Qu'il en soit l'héritage !
A quelle autre félicité
Prétendrait ma légèreté
  Sort glorieux !
  Anges des cieux,
Êtes-vous plus heureux ?

  Pourrais-je bien, Seigneur *(bis)*,
  O le plus tendre père,
  Vous chasser de mon cœur *(bis)* ?
  C'est votre sanctuaire !
Non, mon Dieu, restez avec moi,
J'embrasse à jamais votre loi.
  Non, jamais rien
  De notre hymen
Ne rompra le lien.

  Ecoutez, univers *(bis)*,
  Entendez ma promesse ;
  Puissances des enfers *(bis)*,
  Je combattrai sans cesse
Contre vos perfides projets ;
Je ne suis plus de vos sujets.
  Au Dieu sauveur,
  A mon vainqueur,
L'empire de mon cœur !

Deuxième Cantique après la Messe.

AIR : *Ave Maria, car voici*, etc.

Triomphe à Jésus !
A Jésus seul victoire,
   Amour et gloire !
Triomphe à Jésus !
  Trop long-temps rebelle
  A ce doux sauveur,
  Mon cœur infidelle
  Pleura son erreur.
Triomphe, etc.

  Sous le doux empire
  De ce Dieu vainqueur,
  Mon âme respire
  Repos et bonheur.
Triomphe, etc.

  Assis à la table
  De ce roi des cieux,
  Sous son joug aimable
  J'ai fixé mes vœux.
Triomphe, etc.

  D'une tendre mère
  Il a tous les soins,
  Il prévient en père
  Les moindres besoins.
Triomphe, etc.

Redites, saints anges,
A l'écho des cieux,
Nos justes louanges
Au maître des dieux.
Triomphe, etc.

Un jour réunie
A vos cœurs heureux,
Mon âme ravie
Dira dans les cieux :
Triomphe à Jésus !
A Jésus seul victoire,
Amour et gloire !
Triomphe à Jésus !

Consécration à la Sainte-Vierge.

Air : *Dans ce profond mystère, etc.*

Au printemps de notre âge,
Souveraine des cieux,
Daigne agréer l'hommage
De nos timides vœux.
Entends notre prière,
O reine débonnaire ;
Accorde nous ton doux secours.
Vierge, sois notre mère,
En ce jour et (toujours. *ter.*)

Bientôt, douleur amère !
Il nous faudra pleurer
Au tombeau d'une mère
Que la mort vient frapper.
Entends, etc.

O mort impitoyable,
Tu frappes les humains;
Mais une vierge aimable
Sourit aux orphelins.
Entends, etc.

Prends nous, tendre Marie,
Prends nous pour tes enfants.
Veille, mère chérie
Sur nos jours et nos ans.
Entends, etc.

Garde nous sous tes aîles
De tout danger fatal
Et des serres cruelles
Du vautour infernal.
Entends, etc.

Tu brisas la puissance
Et l'espoir du démon.
Pour nous quelle espérance!
Il s'enfuit à ton nom.
Entends, etc.

De sa cruelle rage
Tu sauras nous sauver.
Vierge, à ton héritage
Daigne toujours veiller.
Entends, etc.

Oh! qu'à toi réunie
Dans l'heureuse Sion,
Cette troupe chérie
Bénisse ton doux nom!
Entends, etc.

Après Vêpres.

Premier Cantique, page. 44
Deuxième Cantique. 79

POUR LA CONFIRMATION.

Avant la Confirmation.

Premier Cantique, page. 87
Deuxième Cantique. 99

Après la Confirmation.

PREMIER CANTIQUE.

AIR : *Célébrons la victoire, etc.*

L'huile au parfum mystique
A coulé sur nos fronts.
Quelle ardeur angélique
Sous nos saints pavillons ! *(bis).*
L'étendard du calvaire
Toujours cher aux vainqueurs,
D'une vertu guerrière
A rempli tous nos cœurs.

Que la foi de Jésus triomphe sur la terre.
En vain contre son nom s'armerait l'univers.
Le monde et les enfers nous déclarent la guerre.
Que peuvent contre nous le monde et les enfers ! (*bis*).

    Honneur à ta main pure,
    Pontife de Jésus,
    Qui nous donna l'armure
    Et le sceau des élus (*bis*).
    Pleins d'un nouveau courage
    Nous défendrons la croix.
    Au céleste héritage
    Céderions-nous nos droits !

    REPRISE :

Que la foi de Jésus, etc.

    Non, de la sainte église
    Que l'écho glorieux
    Nous entende et redise
    Nos serments et nos vœux (*bis*).
    « A jamais guerre au monde
    « Et triomphe à Jésus !
    « Que notre ardeur confonde
    « Nos ennemis vaincus ! »

    REPRISE :

Que la foi de Jésus, etc.

    Loin de moi l'esclavage
    Et le respect humain !
    Quand un Dieu m'encourage,
    Puis-je espérer en vain ? (*bis*).
    Si je tremblai timide
    Comme le faible agneau ;
    Maintenant intrépide
    Je me ris du bourreau.

REPRISE :

Que la foi de Jésus, etc.

  Dieu fait mon espérance ;
  Je n'attends rien de moi.
  Ma force et ma puissance
  Sont en Jésus mon roi *(bis)*.
  Il soutiendra mon âme
  Au milieu des combats.
  L'Esprit-Saint qui m'enflamme
  Dirigera mes pas.

REPRISE :

Que la foi de Jésus, etc.

  En vain rugit de rage
  Le lion infernal.
  Rien n'abat mon courage
  Sous l'étendard royal *(bis)*.
  Sous le divin empire
  Je veux braver la mort,
  Et, s'il faut que j'expire,
  Je veux redire encor :

REPRISE :

Que la foi de Jésus, etc.

DEUXIÈME CANTIQUE.

Voyez le deuxième dimanche après Pâques.

Troisième Partie

COMMUN DES SAINTS

ET

FÊTES PATRONALES.

SS. Apôtres.

Air : *Bravons les enfers, etc.*

Rentrez aux enfers,
Reprenez vos fers,
Infernales phalanges ;
Des droits du Seigneur
Un héros vengeur
Contre vous succède aux archanges.
Fuyez : le signe de la croix
Brille sur son front formidable.
Fuyez, fuyez : pour vous sa voix,
Plus que la foudre est redoutable.
  Rentrez, etc.

Fuyez : le Seigneur, du combat,
Lui-même assure la victoire,
Il dirige de son soldat
Le glaive étincelant de gloire.
  Rentrez, etc.

Le héros frappe de la croix,
Cités, empires de la terre.
Qui pourrait résister aux droits,
Aux vertus du Dieu du tonnerre ?
  Rentrez, etc.

Arboré sur tous les remparts
Des cieux, l'étendard salutaire
S'assied au trône des Césars
Et met les faux-dieux en poussière.
  Rentrez, etc.

Des enfers le guerrier vainqueur
Enchaîne à son char les victimss.
Il veille en père à leur bonheur,
Et combat toujours les abîmes.
  Rentrez, etc.

Jésus, d'un soin toujours nouveau,
Dans ses dangers, dans ses alarmes,
Environne ton cher troupeau,
Prix de ton sang et de tes larmes.
  Rentrez aux enfers,
  Reprenez vos fers,
  Infernales phalanges ;
  Des droits du Seigneur,
  Un héros vengeur,
Contre vous succède aux archanges.

SS. Martyrs.

AIR : *J'engageai ma promesse, etc.*

Ministres d'une impuissante rage,
Pourquoi persécuter le chrétien?
Vous ne pouvez vaincre son courage :
Il s'avance, et son Dieu le soutient.
Il s'avance (*ter*) et son Dieu le soutient.
Il s'avance et son Dieu le soutient.

En vain à la foi qui fait sa gloire
Vous voulez arracher ce soldat;
Toujours assuré de la victoire
Il s'avance intrépide au combat.
Il s'avance, etc.

A ses yeux que le bûcher s'enflamme,
Que l'huile bouillonne dans l'airain !
D'un chrétien rien n'abat la grande âme.
Il s'avance; un chrétien ne craint rien.
Il s'avance, etc.

A ses yeux, cruel enfer, étale
Ongles de fer et tranchants et croix.
De son Dieu sa grande âme est rivale,
Il s'avance, au nom du roi des rois.
Il s'avance, etc.

Il veut par son glorieux martyre
Acquitter la dette de la foi.
Heureux, lorsque pour elle il expire !
Il s'immole à Jésus, à son roi.
Il s'immole, etc.

Combien de généreuses victimes
Ont scellé notre foi de leur sang!
Pourquoi donc, chrétiens pusillanimes,
Toujours craindre un enfer impuissant?
Toujours craindre, etc.

O Jésus, victime du calvaire,
Vous avez bravé la mort pour moi;
Aujourd'hui, sur les traces d'un frère,
Je m'engage à mourir pour la foi.
Je m'engage, etc.

SS. Pontifes.

Air : *Triomphez, reine des cieux, etc.*

Célébrons en ce beau jour,
D'un pasteur l'heureuse mémoire.
Célébrons en ce beau jour
Le pontife du Dieu d'amour.
  L'étole de gloire,
  Prix de sa victoire,
  L'étole de gloire
  Brille sur son cœur.
Chantons cette tour d'ivoire
De la maison du Seigneur.
Célébrons, etc.

Dieu d'amour, c'est votre voix
Qui le choisit et qui l'appelle.
Dieu d'amour c'est votre voix
Qui de ce pasteur fit le choix.

Il brûle de zèle,
Ministre fidelle,
Il brûle de zèle
Pour votre maison.
Vigilante sentinelle,
Il est béni de Sion.
Dieu d'amour, etc.

Témoin d'un danger nouveau,
De sonner l'alarme il s'empresse,
Témoin d'un danger nouveau
Il le signale à son troupeau.
Il veille sans cesse,
Rempli de tendresse,
Il veille sans cesse,
La nuit et le jour.
Rien n'échappe à sa sagesse
Qu'éclaire le Dieu d'amour.
Témoin, etc.

Hélas! un agneau chéri
A suivi la voix étrangère.
Hélas! un agneau chéri,
Imprudent, s'éloigne de lui.
Sa douleur amère,
Près du sanctuaire,
Sa douleur amère
S'abandonne aux pleurs,
Agneau, reviens à ce père;
Oui, reviens de tes erreurs,
Hélas! etc.

Quelle joie, à son retour,
Remplit le cœur de ce bon père!
Quelle joie, à son retour!
Il bénit le ciel nuit et jour.

Le Dieu qui l'envoie
Partage sa joie.
Le Dieu qui l'envoie
Sourit à ses vœux.
Chrétiens, suivons tous la voie
Qu'il nous fraya vers les cieux.
Quelle joie, etc.

Le ciel montra son pouvoir
Lorsqu'il habitait cette terre.
Le ciel montra son pouvoir,
Il est à jamais notre espoir.
Sa douce prière
Fléchit la colère ;
Sa douce prière
Chassa le fléau ;
Si Dieu nous ravit ce père,
Prions tous sur son tombeau.
Le ciel, etc.

SS. Docteurs.

AIR : *J'aime à revoir, etc.*

Allez, docteur dépositaire
De la science de Jésus.
Instruisez, éclairez la terre,
Faites y briller les vertus.
La vérité, comme le monde,
Ici bas a son firmament.
Son étoile brille sur l'onde,
Pour diriger le voyageur errant.

Salut, ô bienfaisante étoile,
Salut, astre des nouveaux cieux.
Vous avez dissipé le voile
Que l'erreur jetait sur mes yeux.
La vérité, etc.

Du mensonge et de l'hérésie
Vous révélez tous les secrets.
Des ténèbres, plein de furie,
Le prince maudit ses projets.
La vérité, etc.

Le jour approche et la nuit sombre
S'enfuit avec rapidité.
Le jour anéantit son ombre
Par la force de sa clarté.
La vérité, etc.

Sur nous étendait ses ténèbres
L'ennemi de la vérité.
Cachant sous ses voiles funèbres
L'erreur et sa malignité.
La vérité, etc.

Vous avez dissipé le doute,
Nuage incertain et flottant;
Astre béni, changez de voûte,
Ornez l'éternel firmament.
La vérité, etc.

Comme notre voûte étincelle
D'astres et de points lumineux,
Ainsi sur la ville éternelle
Vous brillez, docteurs radieux.
La vérité, etc.

Gloire au beau soleil de justice
Qui vous communique ses feux !
Gloire au Seigneur toujours propice
Qui vous fit briller à nos yeux !
La vérité, etc.

SS. Prêtres.

AIR : *Honneur aux enfants de la France.*

Quoi de plus doux que de chanter ta gloire,
Que de t'offrir l'olivier de la paix ?
De tes bienfaits tout redit la mémoire,
Non, ton troupeau ne t'oubliera jamais ! *(bis)*.
Prêtre, gardien de la frêle innocence,
De nous tu fis ton plus tendre trésor.
   Chacun de nous redit encor :
   Honneur à ta douce influence ! *(bis)*.

Heureux le sein qui te donna la vie,
Honneur et gloire à sa fécondité,
Mère à jamais tu dois être bénie.
Béni le fruit que ton sein a porté ! *(bis)*.
Quand le trépas nous ravit notre mère,
Il vole auprès des jeunes orphelins ;
   Puis, les bénissant de ses mains,
   Il les adopte, il est leur père. *(bis)*.

De la science il est dépositaire,
Il la distille à ses tendres enfants,
Conduit leurs pas, et, comme un tendre père,
Il les soutient, s'il les voit chancelants. *(bis)*.

De son amour la sage vigilance
Prévient pour eux jusqu'au moindre danger.
   Comment pourrait-il négliger
   Le trésor de leur innocence? *(bis)*.

De son troupeau quelque brebis chérie
Vient-elle, hélas! à s'éloigner de lui.
Lui qui pour elle immolerait sa vie,
Il la recherche et le jour et la nuit. *(bis)*.
Il la retrouve! et joyeux il s'avance
Avec bonheur la portant dans ses bras.
   L'amour précipite ses pas
   Pour lui rendre son innocence. *(bis)*.

Comme le sel conserve incorruptible
Par sa vertu l'immensité des eaux,
Le bon pasteur, comme un sel invincible,
Du peuple empêche et le vice et les maux. *(bis)*.
Dans ses leçons la vieillesse et l'enfance
Trouvent toujours le sel conservateur
   De la sagesse et du bonheur,
   Du bonheur et de l'innocence. *(bis)*.

Brille à jamais parmi les saints oracles,
Sage gardien de notre pureté.
Digne des cieux et des saints tabernacles,
Reçois ton prix de la divinité. *(bis)*.
Mais sois encor pour nous un tendre père.
Auprès de Dieu ses amis sont puissants.
   Nous sommes toujours tes enfants :
   Présente à Dieu notre prière. *(bis)*.

SS. Abbés.

AIR : *Il est au pied de la montagne, etc.*

Comme la colombe légère
Se retire au sein d'un rocher,
Et fuit la serre meurtrière
Du vautour et de l'épervier,
Tel au fonds de la solitude,
Porté sur l'aîle du Seigneur,
Fuit et vit sans inquiétude
Du monde un prudent déserteur. } *bis.*

O toi, solitude stérile
Où rugissait le fier lion ;
Tu deviens la mère et l'asile
Des plus beaux enfants de Sion.
Toi qui ne roulais que poussière
Et que rugissements affreux,
De ton sein tu vois la prière
Et l'encens s'élever aux cieux.

Là les vertus, grâces divines,
Se couvrent des plus belles fleurs.
Tel un lis au sein des épines
Etale ses charmes vainqueurs.
Là quelquefois la voix des anges
Se mêle aux accents des mortels ;
Et l'homme s'essaie aux louanges
Des tabernacles éternels.

Là le monde n'est que chimère :
Il fuit devant la vérité.
Un siècle est une ombre légère
Que chasse et perd l'éternité.

La mort n'est plus notre ennemie.
Là de nom change le tombeau ;
Oui, là, d'une immortelle vie
Il devient bientôt le tombeau.

O jour heureux, jour plein de charmes!
Aujourd'hui finit ton exil.
Quitte la vallée et ses larmes,
Juste affranchi de tout péril.
Va brûler au sein de la gloire
Du feu de l'amour de ton Dieu.
Si nous célébrons ta mémoire,
Protége-nous en ce bas lieu.

SS. Laïcs.

Air : *Que mon sort a de charmes!*

Vers la voûte éthérée,
Sur l'aile de l'amour,
Une âme bien-aimée
S'élève en ce beau jour.
Que Sion retentisse
De ses grandes vertus !
Gloire au Dieu de justice,
Lui seul fait des élus. *(ter)*.

A ce monde étrangère,
Loin de ses vains honneurs,
Près du Dieu du calvaire
Elle versait des pleurs.
Que Sion, etc.

A ses pieuses larmes
S'unissant nuit et jour,
La grâce de ses charmes
Remplissait son séjour.
Que Sion, etc.

Le Dieu de son enfance,
Objet de tous ses vœux,
Garda son innocence
Pure comme les cieux.
Que Sion, etc.

Si le sanglant martyre
Lui retint ses honneurs,
Pour lui quand on soupire,
Il est d'autres rigueurs.
Que Sion, etc.

Un saint zèle l'anime
Elle verse des pleurs :
Conduisez la victime,
Couronnez-là de fleurs.
Que Sion, etc.

Dieu refuse à ses larmes
De périr pour l'agneau.
Son désir vos les armes
Et le fer du bourreau.
Que Sion, etc.

De ses jeûnes austères
La sainte cruauté
Vaut la dent meurtrière
Du lion irrité.
Que Sion, etc.

Il 'a plus d'un martyre
Le juste ingénieux,
En lui sans cessse expire
Un héros pour les cieux.
Que Sion, etc.

SS^{tes}. Vierges.

AIR *De la Brigantine*.

Vierge, l'aurore
De ce saint jour
Redit encore
Ton chaste amour.
Au Dieu du calvaire
Tu donnas ton cœur,
  Fuyant la terre
  Et son bonheur (*ter*).

Dépositaire
De tes beaux vœux,
Le sanctuaire
Forma tes nœuds,
O Vierge chérie
Et riche en vertus,
  Tu fus unie
  Au Dieu Jésus.

O plein de charmes,
Epoux chéri,
Dans ses alarmes
Sois son appui.
Colombe timide
Gagne le rocher,
  Fuis l'aigle avide,
  Fuis le danger.

Oui, vis cachée
Près de l'autel,
O bien-aimée
De l'Eternel.
Sans inquiétude
Crois-là, bel amour.
La solitude
Est ton séjour.

La vive flamme
Du Dieu d'amour
Brûle ton âme
Dans ce séjour.
Les anges fidelles
Chantent ton ardeur
Et sous leurs ailes
Gardent ton cœur.

S'elle est martyr.
{
A peine éclose,
Déjà l'acier,
Mystique rose,
Va te trancher;
Mais dans sa colère,
L'ennemi jaloux,
En vain espère
Frustrer l'époux.
}

Vierge fidelle,
Le Dieu d'amour
Enfin t'appelle
En ce beau jour.
Colombe légère,
Libre par la mort,
Quitte la terre,
Prends ton essor.

Toujours unie
A ton époux,
O Vierge, prie,
Parle pour nous.
Ah ! si la colère
Déchaîne un fléau,
Par ta prière
Fléchis l'agneau.

SS^tes Veuves ou SS^tes Femmes.

AIR : *Vierge sainte, rose vermeille, etc.*

Célébrons cette femme forte,
Source de vie et de bonheur ;
Sur son noble front elle porte
Et l'espérance et la candeur.
De la vertu suivant la voie
Elle fut l'honneur de Sion.
Sa présence remplit de joie
    Son heureuse maison. } *bis.*

Comme nous, long-temps exilée,
Elle a su de ce triste exil,
Aux dangers aussi destinée,
Prévenir et fuir le péril.
Toujours prudente et solitaire
Elle était toute à son devoir,
Et servait à la pauvre mère
    Et d'exemple et d'espoir.

Avant le lever de l'aurore
Souvent a brillé son flambeau,
Et la nuit retrouvait encore
Sa main appliquée au fuseau.

Alimentant par la prière
De son cœur l'amour généreux,
Charitable, elle était la mère
　　De tous les malheureux.

Que la terre à jamais l'honore!
Que de fois sa pieuse main
De vêtemens couvrit encore
La nudité de l'orphelin!
Des épouses parfait exemple,
De vertus elle ornait son cœur;
Et les anges, dans le saint temple,
Enviaient sa ferveur.

Comme la tendre tourterelle,
Toujours constante en son amour,
Pour son Dieu, son âme fidelle
Avait soupiré nuit et jour.
Epouse, à votre belle flamme,
Le voici qu'il se rend enfin.
Allez, unissez-vous, belle âme,
　　A votre époux divin.

A vos amours toujours unie
Et toujours chère à votre époux,
Priez-le pour notre patrie,
Soyez une mère pour nous.
Au Dieu dont la main vous couronne,
Honneur et gloire en ce saint jour!
C'est ce Dieu même qui nous donne,
　　O mère, à votre amour.

TABLE DES CANTIQUES.

PREMIÈRE PARTIE.

Cantique avant le Catéchisme, page. 1
— après le Catéchisme. 3
— Invocation à la Sainte-Vierge. 4

CANTIQUES

SUIVANT L'ANNÉE ECCLÉSIASTIQUE.

Partie d'Hiver.

Premier Dimanche de l'Avent. 7
Conception de la Sainte-Vierge. 11
Deuxième Dimanche de l'Avent. 12
Saint Joseph. 14
Troisième Dimanche de l'Avent. 16
Conversion de saint Paul. 126
Quatrième Dimanche de l'Avent. 17
Noël. 20
Saint Etienne, premier martyr. 22
Saint Jean, évangéliste. 25

SS. Innocents.. 27
Dimanche dans l'Octave de Noël. 29
Circoncision. 50
Dimanche entre la Circoncision et l'Epiphanie. . . . 14
Epiphanie.. 32
Premier Dimanche après l'Epiphanie.. 33
Baptême de N.-S. J.-C. 35
Deuxième Dimanche après l'Epiphanie.. 37
Troisième Dimanche après l'Epiphanie. 39
Quatrième Dimanche après l'Epiphanie. 41
Présentation de N.-S. et purification de la Ste-Vierge. 43
Cinquième Dimanche après l'Epiphanie. 44
Sixième Dimanche après l'Epiphanie. 47
Septuagésime. 49
Sexagésime.. 51
Quinquagésime. 52
Lundi d'expiation ou des 40 heures. 55
Le Mardi. 57

Partie du Printemps.

Premier Dimanche de Carême. 59
Deuxième Dimanche. 61
Troisième Dimanche. 63
Quatrième Dimanche. 65
Annonciation et Incarnation de N.-S. J.-C. 67
Dimanche de la Passion.. 69
Dimanche des Rameaux. 71
Vendredi de la semaine sainte. 72
Dimanche de la Résurrection de N.-S. J.-C. 74
Dimanche dans l'Octave. 76
Deuxième Dimanche après Pâques. 79
Pour le mois de Marie ou de Mai. 81
Révélation ou Invention de la Sainte-Croix. 83
Troisième Dimanche après Pâques. 85

Quatrième Dimanche après Pâques............ 87
Cinquième Dimanche................ 91
Ascension de N.-S. J.-C. 95
Dimanche dans l'Octave.............. 96
Pentecôte.................... 99

Partie d'Été.

Sainte-Trinité.................. 103
Saint-Sacrement................. 104
Deuxième Dimanche après la Pentecôte....... 106
Sacerdoce.................... 108
Troisième Dimanche après la Pentecôte....... 111
Sacré cœur de Jésus............... 114
Quatrième Dimanche après la Pentecôte...... 116
Cinquième Dimanche............... 118
Saint Jean-Baptiste................ 119
Sixième Dimanche après la Pentecôte....... 123
Saint Pierre................... 125
Saint Paul, apôtre................ 126
Septième Dimanche après la Pentecôte....... 128
Visitation de la Sainte-Vierge........... 131
Chaire de Saint-Pierre.............. 132
Huitième Dimanche après la Pentecôte....... 134
Neuvième Dimanche............... 136
Dixième Dimanche................ 138
Onzième Dimanche................ 141
Douzième Dimanche............... 143
Transfiguration de N.-S............. 144
Treizième Dimanche après la Pentecôte...... 146
Assomption de la Sainte-Vierge.......... 148
Quatorzième Dimanche après la Pentecôte..... 150
Saint Louis, roi de France............ 153
Quinzième Dimanche après la Pentecôte...... 156

Partie d'Automne.

Seizième Dimanche.	159
Nativité de la Sainte-Vierge.	161
Dix-septième Dimanche.	164
Exaltation de la Sainte-Croix.	165
Dix-huitième Dimanche.	166
Dix-neuvième Dimanche.	169
Saint Michel et les SS. Anges.	171
Vingtième Dimanche.	141
Dédicace.	173
Vingt-et-unième Dimanche.	118 et 154
Saint Nicaise et saint Mellon.	176
Vingt-deuxième Dimanche.	85
Saint Romain, évêque de Rouen.	176
Vingt-troisième Dimanche.	178
Vingt-quatrième Dimanche.	59
Fête de tous les Saints.	180
Commémoration des Fidelles trépassés.	182
Vingt-cinquième Dimanche.	44
Saintes Reliques.	183
Vingt-sixième Dimanche.	185
Vingt-septième Dimanche.	47
Présentation de la Sainte-Vierge.	187
Vingt-huitième Dimanche.	189

DEUXIÈME PARTIE.

Cantiques pour la Première Communion et la Confirmation.

Cantiques pendant la Retraite.	191
Pendant la Messe de la Retraite.	192

Premier cantique avant la Messe du jour.	199
Deuxième avant la Messe du jour.	201
Premier après la Messe.	202
Deuxième après la Messe.	204
Consécration à la Sainte-Vierge.	205
Premier après Vêpres.	44
Deuxième après Vêpres.	79

Confirmation.

Premier Cantique avant la Confirmation.	87
Deuxième avant la Confirmation.	99
Après la Confirmation.	207

TROISIÈME PARTIE.

Commun des Saints.

SS. Apôtres.	211
SS. Martyrs.	213
SS. Pontifes	214
SS. Docteurs.	216
SS. Prêtres.	218
SS. Abbés.	220
SS. Laïcs.	221
SS^{tes} Vierges.	223
SS^{tes} Veuves ou SS^{tes} Femmes. . :	225

www.ingramcontent.com/pod-product-compliance
Lightning Source LLC
Chambersburg PA
CBHW061957180426
43198CB00036B/1301